# Inhaltsverzeichnis

Viel Spaß mit den Rechtschreib-Stars!

Laute kannst du hören,
Buchstaben kannst du schreiben.

**1** Sprachwissen für Rechtschreib-Stars.
Ergänze die passenden Buchstaben.

**Vokale** (Selbstlaute) sind: ____ , ____ , ____ , ____ , ____

**Doppelvokale** sind Vokale, die aus zwei gleichen Buchstaben bestehen:

____ , ____ , ____

**Umlaute** sind Vokale mit Pünktchen: ____ , ____ , ____

**Doppellaute** sind Vokale, die aus zwei Buchstaben bestehen:

____ , ____ , ____ , ____ , ____ , ____

**?!** Ein Doppellaut kommt in wenigen Wörtern vor. Er heißt ____ .
Schreibe fünf Wörter mit diesem Doppellaut auf.

_____

**Konsonanten** (Mitlaute) sind: ____ , ____ , ____ , ____ , ____ , ____ , ____ , ____ ,

____ , ____ , ____ , ____ , ____ , ____ , ____ , ____ , ____ , ____ , ____ , ____ , ____

**Doppelkonsonanten** sind zwei gleiche Konsonanten hintereinander, z. B.:

____ , ____ , ____ , ____ , ____ , ____ , ____

**?!** Zwei Doppelkonsonanten werden mit verschiedenen Buchstaben

geschrieben. Sie heißen ____ und ____ .

Schreibe je fünf Wörter mit diesen Doppelkonsonanten auf.

_____

_____

**2** Ordne die Wörter in die Tabelle ein. Färbe die besonderen Laute.

der Hammer, der See, die Haut, der Witz, der Kaiser, das Moos,
die Säge, der Saal, der Klee, die Schnecke, die Tüte, die Seife,
der Affe, der Fön, die Eule, der Stängel

| | |
|---|---|
| Wörter mit Doppelvokal | |
| Wörter mit Umlaut | |
| Wörter mit Doppelkonsonant | |
| Wörter mit Doppellauten | |

**3** Schreibe die Wörter mit Artikeln zu diesen Bildern auf.

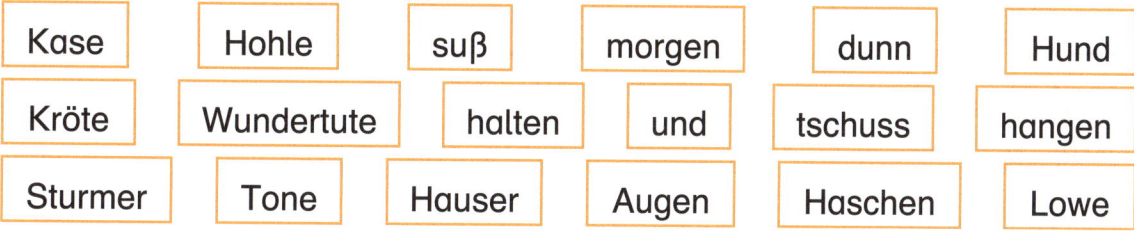

**4** Ergänze – wenn nötig – die Umlautstriche.

| | | | | | |
|---|---|---|---|---|---|
| Kase | Hohle | suß | morgen | dunn | Hund |
| Kröte | Wundertute | halten | und | tschuss | hangen |
| Sturmer | Tone | Hauser | Augen | Haschen | Lowe |

korrigiert:

Pe – li – kan
So höre ich jeden Laut.

**1** Ordne die Wörter in die passende Spalte ein.
Zeichne unter die Wörter Silbenbögen.

der Frosch, der Uhu, die Katze, der Pelikan, der Floh, der Kolibri,
der Esel, die Fledermaus, der Hund

| einsilbige Wörter | zweisilbige Wörter | dreisilbige Wörter |
|---|---|---|
|  |  |  |
|  |  |  |
|  |  |  |

**2** Zwei Wörter aus Aufgabe 1 haben zwei Silben.
Du darfst sie trotzdem nicht trennen. Schreibe Sie auf.

Einzelne Buchstaben
trennt man nicht ab.

_____

**?!** Finde weitere zweisilbige Wörter, die nicht getrennt werden dürfen.

_____

_____

**3** Verbinde die passenden Silbenkärtchen.
Schreibe die Wörter dann mit Trennungsstrichen auf.

| klop | geln | ren | stift |
| an | fen | we | nen |
| Brü | korb | düs | zen |
| of | cken | Blei | cken |
| Brot | fen | krat | ter |

_____

_____

**4** Ordne die Wörter von Aufgabe 3 der passenden Regel zu.

| | |
|---|---|
| ck gilt als ein Laut. Ich trenne es nicht. | |
| Bei mehreren Konsonanten schreibe ich den letzten zur nächsten Silbe. | |
| Zusammengesetzte Wörter trenne ich an der „Naht" | |

**?!** Finde weitere Wörter zu den Regeln.

**5** Setze die Silben zu viersilbigen Wörtern zusammen. Sprich die Wörter deutlich und schreibe sie auf.

| Hüh | Wel | Le | Un | Schlüs | Wun | Ap | Kie |
|---|---|---|---|---|---|---|---|
| len | ter | ner | ber | sel | fel | sel | der |
| ho | tü | ku | blu | sit | au | blüm | stei |
| ne | chen | te | ge | se | men | tich | chen |

korrigiert: ☆

Man hört **scht** oder **schp**, aber man schreibt **st** oder **sp** – auch bei zusammengesetzten Wörtern.

**1** Sprechen und schreiben. Markiere St oder Sp.

ich spreche    ich schreibe                    ich spreche    ich schreibe

_____

_____

_____

_____

_____

_____

_____

_____

**2** Rätsel. Finde die passenden Wörter. Schreibe sie auf.

| ein anderes Wort für reden | Geschirr abwaschen | das tun Diebe | Ein Messer, das nicht schneidet ist |
|---|---|---|---|
| _____ | _____ | _____ | _____ |
| dort wohnen Kühe | dort fahren Autos | das tun Kinder gerne | Mit dem Wasserschlauch kann man |
| _____ | _____ | _____ | _____ |

**3** Setze richtig zusammen und schreibe auf. Markiere st oder sp.

| Blumen | Zebra | Blei | Kreuz | Gummi | Treppen | Baum | Sand |
|---|---|---|---|---|---|---|---|
| Stift | Stamm | Stiefel | Strauß | Spinne | Strand | Stufe | Streifen |

_____

_____

korrigiert:

Ti**sch**tuch? Lö**sch**papier? Was ist hier anders?

**6**

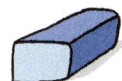

Wenn du KW hörst, musst du immer  schreiben.

**1** Schreibe die passenden Wörter zu den Bildern. Markiere Qu.

_____  _____  _____  _____  _____

**2** Suchsel. Markiere die 11 Wörter mit qu und schreibe sie auf.
Achte auf die Groß- und Kleinschreibung.

| q | u | a | s | s | e | l | n | t | m |
|---|---|---|---|---|---|---|---|---|---|
| a | q | u | e | t | s | c | h | e | n |
| o | q | u | e | r | i | m | a | q | g |
| q | u | i | t | t | q | h | m | u | p |
| p | e | e | r | t | u | p | i | a | q |
| v | t | r | q | u | a | r | k | k | i |
| i | s | f | a | r | l | g | p | e | w |
| l | c | s | e | t | m | ü | b | n | g |
| e | h | q | u | a | l | i | t | ä | t |
| k | e | p | n | q | u | ä | l | e | n |
| b | n | n | q | u | i | z | a | s | t |

_____
_____
_____
_____
_____
_____
_____

**3** Schreibe die Wörter nach Wortfamilien geordnet auf.

Quadrat   quellen   Querflöte   quietschen   quälen

quer   quietschfidel   quadratisch   Qual   Quelle

_____   _____

_____   _____

_____

korrigiert: ☆

7

Ich mag pfiffige Pelikane.

① Schreibe dein „Was-ich-mag-Alphabet".

A _____    N _____

B _____    O _____

C _____    P Pfiffige Pelikane _____

D _____    Q _____

E _____    R _____

F _____    S _____

G _____    T _____

H _____    U _____

I _____    V _____

J _____    W _____

K _____    X _____

L _____    Y _____

M _____    Z _____

Achtung:
Drei Buchstaben fehlen.

**2** Ordne die Tiernamen nach dem Alphabet
und schreibe sie mit dem passenden Artikel auf.

| | | | |
|---|---|---|---|
| Strauß | Pelikan | Adler | Hund |
| Elefant | Igel | Fuchs | Gans |
| Biene | Truthahn | Dachs | Kamel |
| Molch | Otter | Qualle | Löwe |
| Nashorn | Yak | Wolf | Uhu |
| Chamäleon | Zebra | Ratte | |

_____

_____

_____

_____

_____

Diese Buchstaben fehlen: ___ ___ ___

**3** Erfinde zu jedem fehlenden Anfangsbuchstaben einen Tiernamen.
Zeichne die Tiere.

___ _____

___ _____

___ _____

korrigiert:

Achte auch auf den
2., 3., ... Buchstaben.

**1** Ordne die Wörter nach dem Alphabet.
Markiere den Buchstaben, auf den es ankommt.

parken    Plakat    Pflanzen    Panther    Post    Pfund

Pilz    Pinsel    praktisch    Plastik    Punkt    Prinz

_____

_____

_____

**2** Bilddiktat. Schreibe die passenden Wörter auf.
Überprüfe mit dem Wörterbuch und notiere die Seitenzahlen dahinter.

_____    _____    _____    _____

_____    _____    _____    _____

**3** Schreibe das in Lautschrift geschriebene Wort richtig auf.
Überprüfe mit dem Wörterbuch und notiere die Seitenzahlen.

[kwadrat] _____ ____        [schpiegel] _____ ____

[schtraus] _____ ____        [hekse] _____ ____

[geburztag] _____ ____        [tswerg] _____ ____

[wase] _____ ____        [schpats] _____ ____

[fiertsig] _____ ____        [ainschtaigen] _____ ____

**4** Ergänze die Tabelle mithilfe deines Wörterbuchs.

|  | Grundform | weitere Formen | Seite |
|---|---|---|---|
| sie hielten |  |  |  |
| er lässt |  |  |  |
| sie nahm |  |  |  |
| sie trifft |  |  |  |

**5** Bilddiktat. Zerlege die zusammengesetzten Nomen.

a) Überprüfe mit dem Wörterbuch und notiere die Seitenzahlen.

_____ +     _____ +     _____ +

_____     _____     _____

_____ +     _____ +     _____ +

_____     _____     _____

b) Schreibe die zusammengesetzten Nomen mit Artikel auf.

**6** Schlage nach und notiere die Bedeutung der Wörter.

Cello: _____     Fan: _____

global: _____     hygienisch: _____

Ironie: _____     Panik: _____

korrigiert:

**11**

Fehlerfreies Abschreiben kannst du trainieren.

**1** 5 Schritte zum fehlerfreien Abschreiben

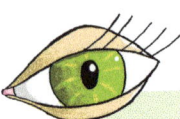

**1**
Wort, Satz oder Text genau lesen.
Alles verstanden?

**2**
Schwierige Stellen im Wort markieren und erklären.

**5**
Kontrollieren, ob alles richtig ist. Fehler verbessern.

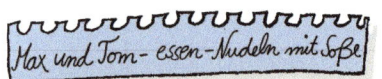
Max und Tom - essen - Nudeln mit Soße

**3**
Sätze oder Texte in sinnvolle Wortgruppen einteilen.

**4**
Wörter oder Wortgruppen merken und auswendig aufschreiben.

**2** Abschreibtraining mit Wörtern.

a) Markiere schwierige Stellen vor dem Abschreiben.

| der Kaugummi | das Rennrad | der Gehweg |
|---|---|---|
| der Fuchspelz | das Verkehrsschild | die Bohrmaschine |
| die Straßenkreuzung | der Himbeerkuchen | der Juckreiz |

b) Merke dir immer drei Wörter und schreibe sie auswendig auf.

**3** Abschreibtraining mit Sätzen:

Die Miesmuschel / _____

ist eine Muschelart, / _____

die sich gerne an Steinen / _____

oder Pfählen festsetzt. / _____

Diese Muscheln / _____

sind nicht schlecht / _____

oder minderwertig. / _____

Das Wort Mies ist vom / _____

Wort Moos / abgeleitet worden. / _____

Miesmuscheln müssten / _____

eigentlich Moosmuscheln heißen. _____

Denke an die 5 Schritte.

**4** Abschreibtraining mit Texten:
Gliedere den Text zunächst in Sinnschritte.
Schreibe den Text richtig ab.

Früher wurden Brände oft durch kaputte oder verstopfte Schornsteine verursacht. Deshalb hatte man großes Glück, wenn der Schornsteinfeger rechtzeitig kam und den Schornstein in Ordnung brachte. Der Schornsteinfeger gilt heute noch als Glücksbringer. Ein anderes Wort für Schornsteinfeger ist Kaminkehrer.

korrigiert: ☆

Die Wortfamilie hilft dir durch das „Stammprinzip" beim Richtigschreiben.

**1** Ein Wort in der Reihe gehört nicht zur Wortfamilie. Streiche es durch.

kämmen – der Kamm – er kam – gekämmt

die Höhle – holen – hohl – der Höhlenbär – aushöhlen

die Hochzeit – am höchsten – horchen – hoch

der Wendepunkt – wenden – die Wände – abwenden

träumte – der Albtraum – die Treue – verträumt

verstellen – die Haltestelle – die Kuhställe – abgestellt

**2** Ergänze die Tabelle. Das Wörterbuch kann dir helfen.

| Nomen | Verb | Adjektiv |
|---|---|---|
| der Haufen | auf häuf en | |
| | | süß |
| die Liebenden | | |
| der Herr | | |
| | | herzlich |
| | anfeinden | |
| | | zählbar |
| die Passform | | |
| | lüften | |

**3** Markiere bei den Wörtern in der Tabelle die Vorsilben mit ⌐•, den Wortstamm mit ⌐⌐ und die Endbausteine mit •⌐.

**4** Zerlege die Wörter in Vorsilbe, Wortstamm und Endbaustein.

⌊ge⌋⌊sag⌋⌊t⌋ – Zerrissenheit – Unglück – besuchen – Eingabe

Verschmutzung – vorsichtig – Eitelkeit – kommst –

Freundschaft – Freunde – Missverständnis – Zuschauer

entschuldigen – Freundin – angeben – Untergang

Vorsilben: _____

_____

Wortstämme: _____

_____

Endbausteine: _____

_____

**5** Suche Wörter zur Wortfamilie Lauf/lauf.

**Lauf
lauf**

**?!** Hier ist Platz für deine eigene Wortfamilie.

korrigiert: ☆

Die Laute **e** und **ä** klingen sehr ähnlich.
Die Laute **eu** und **äu** klingen gleich.
Welchen also schreiben?

**1** Fülle die Tabelle aus
und markiere in der 3. und 4. Spalte a/ä/au/äu.

| Wie wird das Wort geschrieben? | Gibt es einen Verwandten mit a oder au? | Verwandtes Wort: | Also: |
|---|---|---|---|
| das R___tsel | ja ☒   nein ☐ | raten | das Rätsel |
| die H___rde | ja ☐   nein ☒ | | die Herde |
| qu___len | ja ☐   nein ☐ | | |
| h___fig | ja ☐   nein ☐ | | |
| die L___chte | ja ☐   nein ☐ | | |
| sch___len | ja ☐   nein ☐ | | |
| die W___rbung | ja ☐   nein ☐ | | |
| das Geh___se | ja ☐   nein ☐ | | |
| h___len | ja ☐   nein ☐ | | |
| ein___gig | ja ☐   nein ☐ | | |
| freih___ndig | ja ☐   nein ☐ | | |
| der Br___tigam | ja ☐   nein ☐ | | |
| die ___le | ja ☐   nein ☐ | | |
| s___erlich | ja ☐   nein ☐ | | |
| ausb___len | ja ☐   nein ☐ | | |
| die Str___cher | ja ☐   nein ☐ | | |
| str___en | ja ☐   nein ☐ | | |
| die Fr___ndschaft | ja ☐   nein ☐ | | |
| die W___rme | ja ☐   nein ☐ | | |
| die N___he | ja ☐   nein ☐ | | |

**2** Finde zu jedem Wort vier verwandte Wörter mit ä.

warm: _____

kalt: _____

tragen: _____

die Angst: _____

**3** Finde zu jedem Wort vier verwandte Wörter mit äu.

die Haut: _____

laufen: _____

der Traum: _____

kaufen: _____

**4** Schreibe Sätze in der 3. Person (er/sie/es) Singular (Einzahl).
Beispiel: fahren – Er fährt jeden Tag mit dem Fahrrad zur Schule.

raten     auffangen     einladen     tragen     laufen

_____

_____

_____

_____

_____

_____

korrigiert: ☆

Die Laute am Ende …
… klingen jeweils sehr ähnlich.
Welchen musst du schreiben?

**1** Sprich die Wortpaare. Was fällt dir auf?

**2** Finde den fehlenden Buchstaben durch Verlängern.

a) Verlängere die Nomen durch ihren Plural (Mehrzahl).

der Stran d ⤳ die Strän-de _____    der Krie__ ⤳ _____

die Luf__ ⤳ _____    der Ty__ ⤳ _____

das Gra__ ⤳ _____    der We__ ⤳ _____

b) Verlängere die Verben durch ihre Grundform.

er he___t ⤳ he-ben _____    sie fän___t ⤳ _____

sie sie___t ⤳ _____    er pum___t ⤳ _____

es le___t ⤳ _____    er hin___t ⤳ _____

c) Verlängere die Adjektive durch ihre Vergleichsform.

wüten___ ⤳ wü-ten-der _____    kal___ ⤳ _____

blan___ ⤳ _____    trauri___ ⤳ _____

lie___ ⤳ _____    gesun___ ⤳ _____

**?!** Finde zu Aufgabe a, b und c jeweils selbst noch zwei Beispiele.

**3** Hier musst du Wörter zerlegen und die Wortart wechseln,
um einen Beweis für die richtige Schreibung zu finden.

Käse ist ein Milcherzeu___nis. ⤳ er-zeu-gen _____

Der 1000m-Läufer setzte zum En___spurt an. ⤳ _____

Der Schiedsrichter pfeift zur Hal___zeit. ⤳ _____

Mein kleiner Bruder ist sehr le___haft. ⤳ _____

Der sie___reiche Prinz heiratete die Prinzessin. ⤳ _____

Der Tiger gehört zur Gattung der Rau___tiere. ⤳ _____

Tarzan baumelt an einer Schlin___pflanze. ⤳ _____

**4** Sammle Wörter zu diesen häufig vorkommenden Wortbausteinen.

-ig

Halb-
halb-

End-
end-    das Endspiel

Der Wortbaustein End-/end-
weist immer darauf hin,
dass etwas zu Ende geht …

korrigiert:

Andere Vorsilbe – anderer Sinn!

**1** Setze die Anfangsbausteine und die Verben
zu sinnvollen Wörtern zusammen.

be   zu
an
zer
ab          **nehmen**          vor
ein                              ver
      unter          hin

ge   be   zu
zer                  vor
ab          **gehen**          ver
ein                  hin
      unter

benehmen, _____

_____

_____

_____

_____

_____

**2** Setze in die Lücken treffende Verben aus Aufgabe 1 ein.
Wähle die Form des Verbs so, dass es in den Satz passt.

Der Kommissar _____ den Verbrecher.

Die Titanic musste nach dem Zusammenstoß _____ .

Die Schokolade _____ mir auf der Zunge.

Bei zu wenig Pflege wird die Pflanze _____ .

Ich darf nichts von Fremden _____ .

Lass uns am Wochenende etwas zusammen _____ .

Heute _____ meine Eltern ihren 10. Hochzeitstag.

**3** Bei diesen Sätzen musst du die zusammengesetzten Verben aus Aufgabe 1 wieder trennen.

Die Wanduhr _____ um 10 Minuten _____ .

Der Mond _____ erst auf und dann wieder _____ .

Ich _____ mir _____ , mein Zimmer aufzuräumen.

Die Lehrerin _____ _____ , dass wir alle gute Noten schreiben.

**4** Bilde, wo möglich, aus den Verben von Aufgabe 1 Nomen.

das Benehmen, der Eingang, _____

_____

_____

_____

**5** Setze die Wörter mit der Vorsilbe ⌊Un⌋ / ⌊un⌋ zusammen.

Trage die Wörter an der richtigen Stelle in das Gitterrätsel ein.

Die Vorsilbe Un- / un- drückt etwas Negatives oder das Gegenteil aus.

Glück
angenehm
Fall
fair
endlich
Kraut
schuldig
verstanden
Geduld
schön

korrigiert: ☆

(1) Ergänze die Endbausteine des Verbs
passend zu den Pronomen (Fürwörtern).

| **Gegenwart** | | **1. Vergangenheit** | |
|---|---|---|---|
| ich | ●——— | ich | _te_ ——— |
| du | ●——— | du | ●——— |
| er / sie / es | ●——— | er / sie / es | ●——— |
| wir | spiel ●——— | wir | spiel ●——— |
| ihr | ●——— | ihr | ●——— |
| sie | ●——— | sie | ●——— |

(2) Schreibe hier alle Verbformen aus Aufgabe 1 auf.
Markiere den Wortstamm.

ich ⌐spiel⌐e,

_____

_____

_____

_____

(3) Finde alle Verbformen zu ⌐wähl⌐. Markiere den Wortstamm.

ich ⌐wähl⌐e,

_____

_____

_____

_____

korrigiert: ☆

22

**1** Silbenrätsel.
Setze die Puzzleteile zu sinnvollen Adjektiven zusammen.

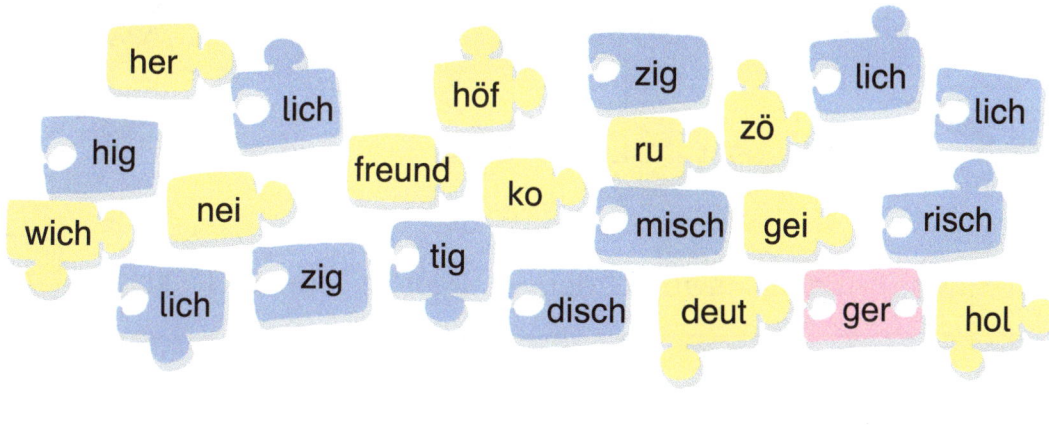

_____

_____

_____

_____

Diese Endbausteine sind Hinweise für Adjektive.

**2** Markiere bei Aufgabe 1 alle Endbausteine mit ⌐.

Die Endbausteine heißen:

**?!** Hier ist Platz für deine eigenen Adjektive mit Endbausteinen.

korrigiert:

**1** Markiere lange Vokale mit einem ▬ und kurze mit ●.

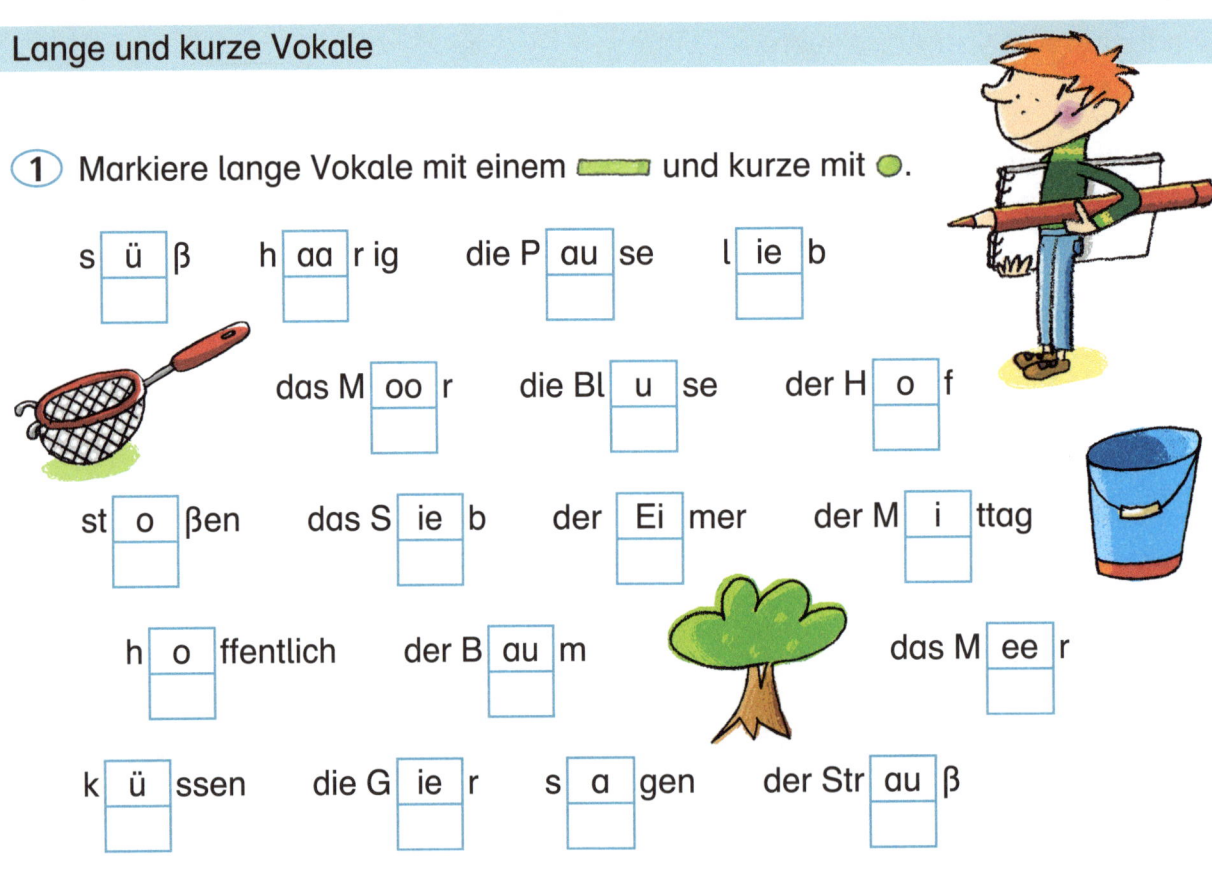

s | ü | ß     h | aa | r ig     die P | au | se     l | ie | b

das M | oo | r     die Bl | u | se     der H | o | f

st | o | ßen     das S | ie | b     der | Ei | mer     der M | i | ttag

h | o | ffentlich     der B | au | m     das M | ee | r

k | ü | ssen     die G | ie | r     s | a | gen     der Str | au | ß

**2** Ordne die Wörter aus Aufgabe 1 in die Tabelle ein.

| ▬ mit ie | ▬ mit ß | ▬ mit doppeltem Vokal |
|---|---|---|
|  |  |  |
|  |  |  |
|  |  |  |

| ▬ mit Doppellaut | ▬ mit einfachem Vokal | ● mit einfachem Vokal |
|---|---|---|
|  |  |  |
|  |  |  |
|  |  |  |

korrigiert: ☆

## Offene und geschlossene Silben

**1** Schreibe hier alle Wörter von S. 24 mit langem Vokal auf und zeichne Silbenbögen darunter. Besteht ein Wort nur aus einer Silbe, dann schreibe seine zweisilbige Form auf.

*süß ist einsilbig.*
*sü-ßer ist zweisilbig.*

sü‿ßer

**2** Schreibe hier alle Wörter von S. 24 mit kurzem Laut auf und zeichne Silbenbögen darunter.

*Silben, die mit einem Vokal enden, nennt man **offene Silben**.*
*Silben, die mit einem Konsonant enden, nennt man **geschlossene Silben**.*

**3** Kreise offene Silben braun ein, geschlossene Silben schwarz.

Bag     ho     Häu     sit     Pup     schie     Haa     Spä

**4** Setze die Silben aus Aufgabe 3 mit diesen Silben zu Wörtern zusammen.

ße     pe     ser     ger     zen     re     ben     len

korrigiert:

**1** Kennzeichne, ob der i-Laut in den Wörtern lang (▭) oder kurz (●) gesprochen wird.

der R ⬚ie⬚ se     die B ⬚ie⬚ ne     sch ⬚ie⬚ f

st ⬚i⬚ mmen     der H ⬚i⬚ rte     der R ⬚ie⬚ men

st ⬚i⬚ ll     der M ⬚ie⬚ f     sch ⬚ie⬚ ben     s ⬚i⬚ ngen

**?!** Was fällt dir bei allen kurzen i-Lauten auf?
Was fällt dir bei allen langen i-Lauten auf?

**2** Entscheide, ob ein i oder ein ie in die Lücken gehört.
Beweise mit ▭ oder ● .

das T ⬚ r     die Horn ⬚ sse     der M ⬚ sthaufen

die K ⬚ nder     die Zw ⬚ bel     b ⬚ stig     z ⬚ ttern

die K ⬚ fer     der D ⬚ ner     b ⬚ tten     der R ⬚ ss

**3** Reimwörter. Markiere jeweils ie mit gelb.

| vier | Ziegel | Fliege | Sieb |
|------|--------|--------|------|
| B_____ | Sp_____ | W_____ | D_____ |
| St_____ | R_____ | L_____ | l_____ |
| G_____ | S_____ | Z_____ | H_____ |

**4** Ordne diese Wörter nach kurz- und langgesprochenem i-Laut und zeichne dann die Silbenbögen ein.

Wiege – Zimmer – piepen – Kirsche – Lippe – ziehen – ritzen – tiefer – Witterung – niemand – Kiste – viele

○ _____

_____

▬ _____

_____

**?!** Was haben die ersten Silben der Wörter mit ie gemeinsam?
Was haben die ersten Silben der Wörter mit i gemeinsam?

**5** Sortiere die Wörter mit ie nach ihren Wortfamilien und ihrer Wortart.

bekriegen – ziellos – die Biegung – lieblich – das Spiel – mitfiebern
biegen – lieben – das Ziel – der Krieger – spielerisch – biegsam
das Fieber – spielen – der Geliebte – zielen – kriegerisch – fiebrig

| Wortfamilie | Nomen | Verb | Adjektiv |
|---|---|---|---|
| ⌐Krieg / krieg⌐ | | | |
| ⌐Ziel / ziel⌐ | | | |
| ⌐Bieg / bieg⌐ | | | |
| ⌐Lieb / lieb⌐ | | | |
| ⌐Fieb / fieb⌐ | | | |
| ⌐Spiel / spiel⌐ | | | |

korrigiert:

Klasse

grün

Tafel

Schwamm

Hose

Mäppchen

Kinder

nett

schreiben

Apfel

Tisch

malen

Pulli

basteln

**1** Schreibe die Wörter aus dem Bild geordnet nach kurz- oder langgesprochenen Vokalen auf.

_____    _____

_____    _____

_____    _____

_____    _____

_____    _____

                               _____

                               _____

                               _____

Denk daran ...

Nach einem ▭ Vokal kommt _____ Konsonant.

Nach einem ● Vokal kommen mindestens _____ Konsonanten.

Entweder unterschiedliche oder zwei _____.

**2** Entscheide über die richtige Schreibung. Begründe mit ▬▬ / ◯.

s/ss: anfa_____en, kra_____, die Va_____e, das Pfla_____ter, bla_____

t/tt: komple_____, der Tä_____er, mi_____ags, ru_____schen, ma_____

m/mm: der Ku_____er, ja_____ern, der Ku_____pel, der Do_____

n/nn: pe_____en, sie ka_____, die Posau_____e, der Ke_____er, wo_____ig

r/rr: der Ho_____or, kna_____en, der Spu_____t, der He_____, pu_____

f/ff: ru_____en, das Ka_____, das Ri_____, tre_____en, die Har_____e

l/ll: to_____, der Ba_____kon, das A_____ter, kna_____en, die Pi_____e

p/pp: sto_____en, der Ti_____, stül_____en, die O_____er, die Tru_____en

g/gg: ba_____ern, die E_____e, flü_____e, der Flü_____el, der Sar_____

b/bb: die Nar_____e, die E_____e, e_____en, die Kra_____e, sa_____ern

d/dd: pa_____eln, der Pu_____ing, re_____en, der San_____kasten

**3** Finde weitere Verwandte aus der Wortfamilie.
Das Wörterbuch kann dir helfen.

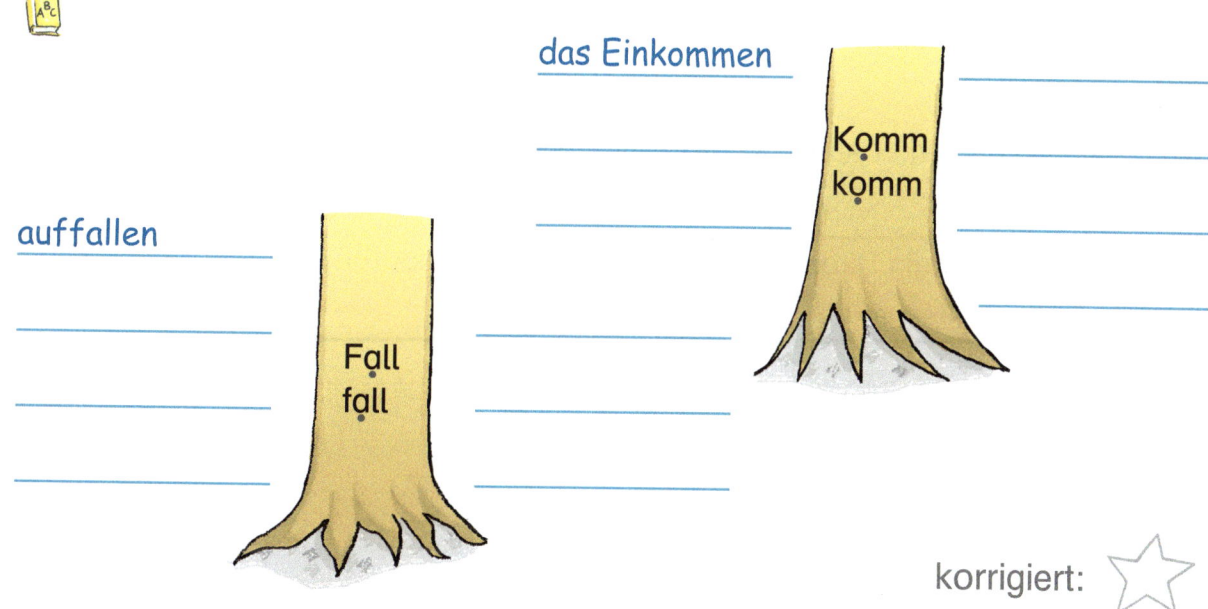

das Einkommen

Komm
komm

auffallen

Fall
fall

korrigiert: ☆

① Silbenrätsel. Setze die Silben zu Lösungswörtern zusammen.

> Kut – le – re – ter – bel – pen – ne – wie – Wet – beln – Knap – ter –
> Gi – Hen – tar – Ton – krab – len – hern – Fül – pe – schnip – ne

Regen, Sonne, Wolken, Wind gehören zum _____ .

Ein Musikinstrument mit Saiten: _____ .

1000 Kilogramm sind eine _____ .

Ein Boot zum Fische fangen nennt man _____ .

Kleine Babys gehen nicht, sondern _____ .

Katzen miauen und Hunde _____ .

Ziegen meckern und Pferde _____ .

In Hülle und _____ .

Der Diener eines Ritters hieß _____ .

Ich kann mit meinen Fingern _____ .

Der Hahn und die _____ .

② Zeichne bei den Lösungswörtern Silbenbögen ein. ⌣⌣

❓❗ Erfinde selbst ein Silbenrätsel mit Doppelkonsonanten.

**3** Richtig oder falsch?
Entscheide mit einer zweisilbigen Form.

| | zweisilbig | richtig |
|---|---|---|
| Ich brauche einen **Kam**. | die Käm-me | Kamm |
| Sie bastelt etwas aus **Pappe**. | | |
| **Fül** bitte das Wasser auf. | | |
| Die Kinder wollen **wipen**. | | |
| Ich habe einen **Splitter** im Finger. | | |
| Mia **teillt** die Blätter aus. | | |
| **Küssen** verboten! | | |
| Der Hund **zert** am Hosenbein. | | |
| Wer **läuft** am schnellsten? | | |
| Das ist **Erpressung**! | | |
| Ich bin **retungslos** verliebt. | | |
| Morgen wird es **sonnig**. | | |
| Du bist ganz schön **faull**! | | |
| Kilian **budelt** im Sand. | | |

**4** Hier sind nicht alle Doppelkonsonanten „echt".
Zeichne nach jedem Wort einen Trennungsstrich ein.

Stuhl|lehnen|nutzung

Smsschreiberrechnung

Apfellimettennusssiruppuddingglassicherung

Melkkuhhalterregistrierung**s**schein

Lufttrübung**s**schleierresttest

Puffer-s!

korrigiert: ☆

**31**

Im Deutschen gibt es kein
**kk** und kein **zz**. Deshalb gelten
**ck** und **tz** als Doppelkonsonanten.

**1** Entscheide, ob die Wörter mit k oder ck geschrieben werden.
Begründe mit ▬ oder ○.

der Ha____en      ne____en      der Ra____er      die Wol____e

we____en      po____ern      le____en      der Ker____er

die Glo____e      die Lü____en      die Ban____      das La____en

star____      schme____en      die Krü____e      der An____er

**2** Entscheide, ob die Wörter mit z oder tz geschrieben werden.
Begründe mit ▬ oder ○.

der Wei____en      die Är____tin      ran____ig      pla____en

das Gese____      die Spri____e      der Pil____      das Kreu____

glo____en      die Hei____ung      das Ne____      schmu____ig

wi____ig      der Sa____      stol____      der Tan____      der Bli____

**3** Hier ist Platz für deine Lieblingswörter mit Doppelkonsonant.

korrigiert: ☆

# Lösungen Rechtschreib-Stars 5

(zum Heraustrennen die mittlere Klammer lösen)

---

## Laute und Buchstaben

*Laute kannst du hören, Buchstaben kannst du schreiben.*

**1** Sprachwissen für Rechtschreib-Stars.
Ergänze die passenden Buchstaben.

**Vokale** (Selbstlaute) sind: a , e , i , o , u

**Doppelvokale** sind Vokale, die aus zwei gleichen Buchstaben bestehen:

aa , ee , oo

**Umlaute** sind Vokale mit Pünktchen: ä , ö , ü

**Doppellaute** sind Vokale, die aus zwei Buchstaben bestehen:

au , eu , ai , ei , äu , ie

**!** Ein Doppellaut kommt in wenigen Wörtern vor. Er heißt ai .
Schreibe fünf Wörter mit diesem Doppellaut auf.

*Zeige deine Wörter einem Erwachsenen.*

**Konsonanten** (Mitlaute) sind: b , c , d , f , g , h , j , k ,
l , m , n , p , q , r , s , t , v , w , x , y , z

**Doppelkonsonanten** sind zwei gleiche Konsonanten hintereinander, z. B.:

ll , ss , tt , ff , bb , dd , nn

**!** Zwei Doppelkonsonanten werden mit verschiedenen Buchstaben

geschrieben. Sie heißen ck und tz .

Schreibe je fünf Wörter mit diesen Doppelkonsonanten auf.

*Zeige deine Lösung einem Erwachsenen.*

*Z. B. die Hecke, die Katze ...*

2

---

**2** Ordne die Wörter in die Tabelle ein. Färbe die besonderen Laute.

der Hammer, der See, die Haut, der Witz, der Kaiser, das Moos,
die Säge, der Saal, der Klee, die Schnecke, die Tüte, die Seife,
der Affe, der Fön, die Eule, der Stängel

| | |
|---|---|
| Wörter mit Doppelvokal | der See, das Moos, der Saal, der Klee |
| Wörter mit Umlaut | die Säge, die Tüte, der Fön, der Stängel |
| Wörter mit Doppelkonsonant | der Hammer, der Witz, die Schnecke, der Affe |
| Wörter mit Doppellauten | die Haut, der Kaiser, die Seife, die Eule |

**3** Schreibe die Wörter mit Artikeln zu diesen Bildern auf.

der Bauch, die Katze, das Boot,

der Käfer, das Seil, die Füße,

die Sonne, die Fee

**4** Ergänze – wenn nötig – die Umlautstriche.

| | | | | | |
|---|---|---|---|---|---|
| Käse | Höhle | süß | morgen | dünn | Hund |
| Kröte | Wundertüte | halten | und | tschüss | hängen |
| Stürmer | Töne | Häuser | Augen | Häschen | Löwe |

3

---

## Silben

*Pe – li – kan*
*So höre ich jeden Laut.*

**1** Ordne die Wörter in die passende Spalte ein.
Zeichne unter die Wörter Silbenbögen.

der Frosch, der Uhu, die Katze, der Pelikan, der Floh, der Kolibri,
der Esel, die Fledermaus, der Hund

| einsilbige Wörter | zweisilbige Wörter | dreisilbige Wörter |
|---|---|---|
| der Frosch | der U·hu | der Pe·li·kan |
| der Floh | die Kat·ze | der Ko·li·bri |
| der Hund | der E·sel | die Fle·der·maus |

**2** Zwei Wörter aus Aufgabe 1 haben zwei Silben.
Du darfst sie trotzdem nicht trennen. Schreibe Sie auf.

*Einzelne Buchstaben trennt man nicht ab.*

der Uhu, der Esel

**!** Finde weitere zweisilbige Wörter, die nicht getrennt werden dürfen.

*Zeige deine Wörter einem Erwachsenen.*

**3** Verbinde die passenden Silbenkärtchen.
Schreibe die Wörter dann mit Trennungsstrichen auf.

klop — geln
an — fen
Brü — korb
of — cken
Brot — fen

ren — stift
we — nen
düs — zen
Blei — cken
krat — ter

klop-fen, an-geln, Brü-cken, of-fen, Brot-korb

ren-nen, we-cken, düs-ter, Blei-stift, krat-zen

4

---

**4** Ordne die Wörter von Aufgabe 3 der passenden Regel zu.

| ck gilt als ein Laut. Ich trenne es nicht. | Brücken, wecken |
|---|---|
| Bei mehreren Konsonanten schreibe ich den letzten zur nächsten Silbe. | klopfen, angeln, offen, rennen, düster, kratzen |
| Zusammengesetzte Wörter trenne ich an der „Naht" | Brotkorb, Bleistift |

**!** Finde weitere Wörter zu den Regeln.

*Zeige deine Wörter einem Erwachsenen.*

**5** Setze die Silben zu viersilbigen Wörtern zusammen.
Sprich die Wörter deutlich und schreibe sie auf.

| Hüh | Wel | Le | Un | Schlüs | Wun | Ap | Kie |
|---|---|---|---|---|---|---|---|
| len | ter | ner | ber | sel | fel | sel | der |
| ho | tü | ku | blu | sit | au | blüm | stei |
| ne | chen | te | ge | se | men | tich | chen |

Hühnerauge, Wellensittich, Leberblümchen, Unterhose,

Schlüsselblumen, Wundertüte, Apfelkuchen, Kieselsteine

5

## Page 6

*Man hört scht oder schp, aber man schreibt st oder sp – auch bei zusammengesetzten Wörtern.*

**1** Sprechen und schreiben. Markiere St oder Sp.

| ich spreche | ich schreibe | ich spreche | ich schreibe |
|---|---|---|---|
| | Stein | | Spinne |
| | Stiefel | | Spiegel |
| | Stern | | Spitzer |
| | Stecker | | Spaten |
| | Stock | | Spitze |

**2** Rätsel. Finde die passenden Wörter. Schreibe sie auf.

| ein anderes Wort für reden | Geschirr abwaschen | das tun Diebe | Ein Messer, das nicht schneidet ist |
|---|---|---|---|
| sprechen | spülen | stehlen | stumpf |
| dort wohnen Kühe | dort fahren Autos | das tun Kinder gerne | Mit dem Wasserschlauch kann man |
| Stall | Straße | spielen | spritzen |

**3** Setze richtig zusammen und schreibe auf. Markiere st oder sp.

| Blumen | Zebra | Blei | Kreuz | Gummi | Treppen | Baum | Sand |
|---|---|---|---|---|---|---|---|
| Stift | Stamm | Stiefel | Strauß | Spinne | Strand | Stufe | Streifen |

Blumenstrauß, Zebrastreifen, Bleistift, Kreuzspinne, Gummistiefel, Treppenstufe, Baumstamm, Sandstrand

*Tischtuch? Löschpapier? Was ist hier anders?*

6

## Page 7

*Wenn du KW hörst, musst du immer Qu/qu schreiben.*

**1** Schreibe die passenden Wörter zu den Bildern. Markiere Qu.

Quader   Quadrat   Quelle   Quartett   Qualle

**2** Suchsel. Markiere die 11 Wörter mit qu und schreibe sie auf.
Achte auf die Groß- und Kleinschreibung.

| q | u | a | s | s | e | l | n | t | m |
|---|---|---|---|---|---|---|---|---|---|
| a | q | u | e | t | s | c | h | e | n |
| o | q | u | e | r | i | m | a | q | g |
| q | u | i | t | t | q | h | m | u | p |
| p | e | e | r | t | u | p | i | a | q |
| v | t | r | q | u | a | r | k | k | i |
| i | s | f | a | r | l | g | p | e | w |
| l | c | s | e | t | m | ü | b | n | u |
| e | h | q | u | a | l | i | t | ä | t |
| k | e | p | n | q | u | ä | l | e | n |
| b | n | n | q | u | i | z | a | s | t |

quasseln
quetschen
quer
quitt
Quark
Qualität
quälen
Quiz
quetschen, Qualm, quaken

**3** Schreibe die Wörter nach Wortfamilien geordnet auf.

Quadrat   quellen   Querflöte   quietschen   quälen
quer   quietschfidel   quadratisch   Qual   Quelle

Quadrat, quadratisch          Qual, quälen
Quelle, quellen               quietschen, quietschfidel
quer, Querflöte

7

## Page 8

*Ich mag pfiffige Pelikane.*

**1** Schreibe dein „Was-ich-mag-Alphabet".

A_____   N_____
B_____   O_____
C_____   P Pfiffige Pelikane
D_____   Q_____
E_____   R_____
F_____   S_____
G_____   T_____
H_____   U_____
I_____   V_____
J_____   W_____
K_____   X_____
L_____   Y_____
M_____   Z_____

*Zeige dein Alphabet einem Erwachsenen.*

8

## Page 9

*Achtung! Drei Buchstaben fehlen.*

**2** Ordne die Tiernamen nach dem Alphabet und schreibe sie mit dem passenden Artikel auf.

| Strauß | Pelikan | Adler | Hund |
|---|---|---|---|
| Elefant | Igel | Fuchs | Gans |
| Biene | Truthahn | Dachs | Kamel |
| Molch | Otter | Qualle | Löwe |
| Nashorn | Yak | Wolf | Uhu |
| Chamäleon | Zebra | Ratte | |

der Adler, die Biene, das Chamäleon, der Dachs, der Elefant,
der Fuchs, die Gans, der Hund, der Igel, das Kamel, der Löwe,
der Molch, das Nashorn, der Otter, der Pelikan, die Qualle, die Ratte,
der Strauß, der Truthahn, der Uhu, der Wolf, das Yak, das Zebra

Diese Buchstaben fehlen: J  V  X

**3** Erfinde zu jedem fehlenden Anfangsbuchstaben einen Tiernamen. Zeichne die Tiere.

___ *Zeige deine Wörter*
___ *einem Erwachsenen.*
___ _____

*Ich kann Wörter nach dem Alphabet ordnen.*

9

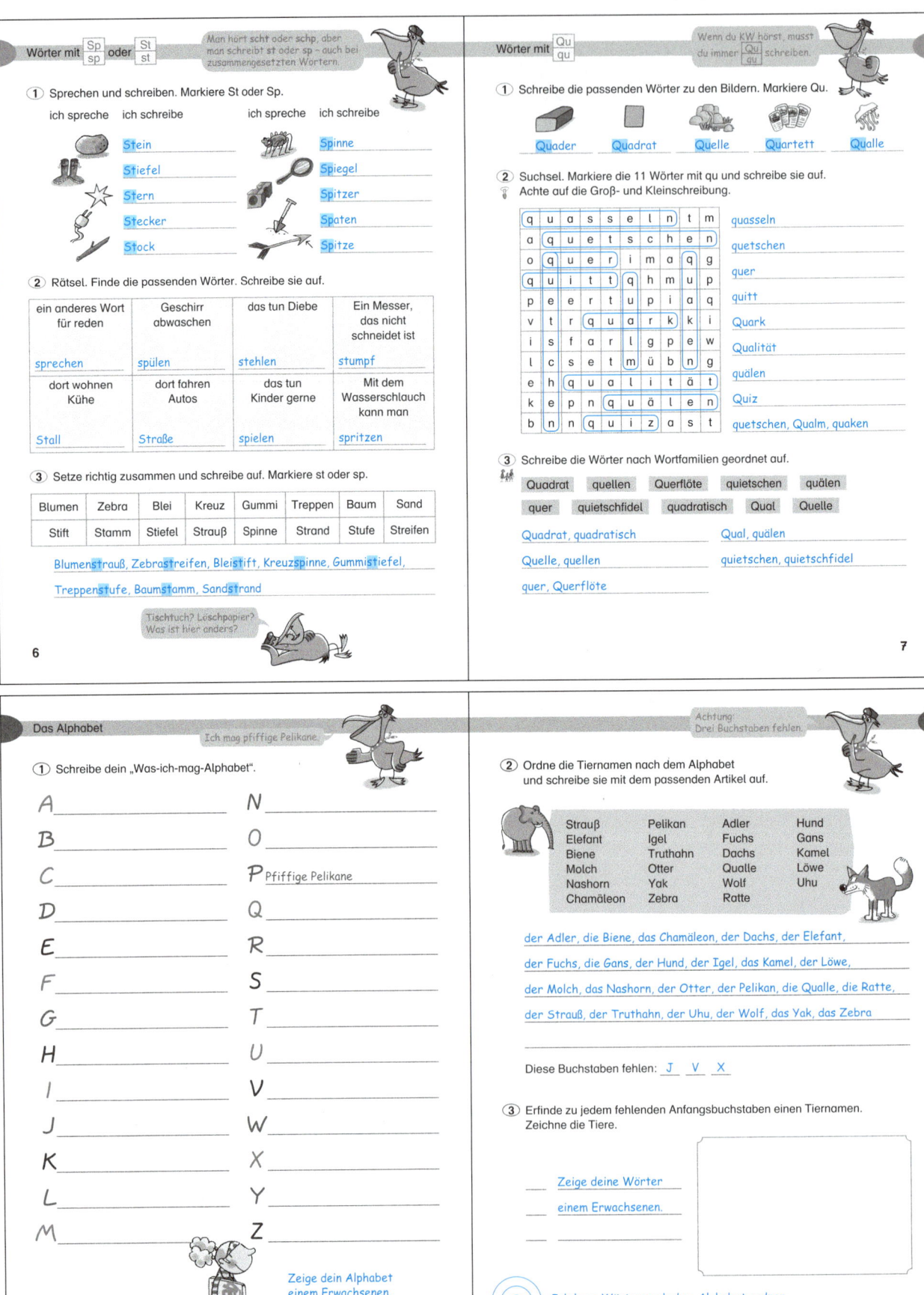

*Achte auch auf den 2., 3., ... Buchstaben.*

**1** Ordne die Wörter nach dem Alphabet.
Markiere den Buchstaben, auf den es ankommt.

parken  Plakat  Pflanzen  Panther  Post  Pfund

Pilz  Pinsel  praktisch  Plastik  Punkt  Prinz

Panther, parken, Pflanzen, Pfund, Pilz, Pinsel, Plakat

Plastik, Post, praktisch, Prinz, Punkt

**2** Bilddiktat. Schreibe die passenden Wörter auf.   *Zeige die Seitenzahlen einem Erwachsenen.*
Überprüfe mit dem Wörterbuch und notiere die Seitenzahlen dahinter.

(die) Ziege   (die) Giraffe   (der) Fuchs   (der) Hahn

(die) Biene   (die) Hyäne   (die) Schnecke   (der) Gorilla

**3** Schreibe das in Lautschrift geschriebene Wort richtig auf.
Überprüfe mit dem Wörterbuch und notiere die Seitenzahlen.

[kwadrat] Quadrat _____   [schpiegel] Spiegel _____

[schtraus] Strauß _____   [hekse] Hexe _____

[geburtstag] Geburtstag _____   [tswerg] Zwerg _____

[wase] Vase _____   [schpats] Spatz _____

[fiertsig] vierzig _____   [ainschtaigen] einsteigen _____

**10**   *Zeige die Seitenzahlen einem Erwachsenen.*

---

*Denke bei Verben an die Grundform. Zusammengesetzte Wörter musst du zerlegen.*

**4** Ergänze die Tabelle mithilfe deines Wörterbuchs.

|  | Grundform | weitere Formen | Seite |
|---|---|---|---|
| sie hielten | halten |  |  |
| er lässt | lassen | *Zeige deine Lösung* |  |
| sie nahm | nehmen | *einem Erwachsenen.* |  |
| sie trifft | treffen |  |  |

**5** Bilddiktat. Zerlege die zusammengesetzten Nomen.

a) Überprüfe mit dem Wörterbuch und notiere die Seitenzahlen.

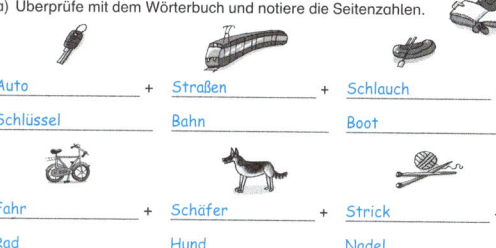

Auto   +   Straßen   +   Schlauch   +

Schlüssel   Bahn   Boot

Fahr   +   Schäfer   +   Strick   +

Rad   Hund   Nadel

b) Schreibe die zusammengesetzten Nomen mit Artikel auf.

**6** Schlage nach und notiere die Bedeutung der Wörter.

Cello: Streichinstrument _____   Fan: begeisterter Anhänger

global: die ganze Erde betreffend   hygienisch: sehr sauber

Ironie: das Gegenteil sagen   Panik: große Angst

**11**

---

*Fehlerfreies Abschreiben kannst du trainieren.*

**1** 5 Schritte zum fehlerfreien Abschreiben

1  Wort, Satz oder Text genau lesen. Alles verstanden?

2  Schwierige Stellen im Wort markieren und erklären.

5  Kontrollieren, ob alles richtig ist. Fehler verbessern.

3  Sätze oder Texte in sinnvolle Wortgruppen einteilen.

4  Wörter oder Wortgruppen merken und auswendig aufschreiben.

**2** Abschreibtraining mit Wörtern.

a) Markiere schwierige Stellen vor dem Abschreiben.

| der Kaugummi | das Rennrad | der Gehweg |
|---|---|---|
| der Fuchspelz | das Verkehrsschild | die Bohrmaschine |
| die Straßenkreuzung | der Himbeerkuchen | der Juckreiz |

der Kaugummi, das Rennrad, der Gehweg,

der Fuchspelz, das Verkehrsschild, die Bohrmaschine,

die Straßenkreuzung, der Himbeerkuchen, der Juckreiz

b) Merke dir immer drei Wörter und schreibe sie auswendig auf.

_____

Kontrolliere deine Wörter.

**12**

---

**3** Abschreibtraining mit Sätzen:

Die Miesmuschel / Die Miesmuschel

ist eine Muschelart, / ist eine Muschelart,

die sich gerne an Steinen / die sich gerne an Steinen

oder Pfählen festsetzt. / oder Pfählen festsetzt.

Diese Muscheln / Diese Muscheln

sind nicht schlecht / sind nicht schlecht

oder minderwertig. / oder minderwertig.

Das Wort Mies ist vom / Das Wort Mies ist vom

Wort Moos / abgeleitet worden. / Wort Moos abgeleitet worden.

Miesmuscheln müssten / Miesmuscheln müssten

eigentlich Moosmuscheln heißen. eigentlich Moosmuscheln heißen.

*Denke an die 5 Schritte.*

**4** Abschreibtraining mit Texten:
Gliedere den Text zunächst in Sinnschritte.
Schreibe den Text richtig ab.

> Früher wurden Brände oft | durch kaputte oder verstopfte | Schornsteine verursacht. | Deshalb hatte man | großes Glück, | wenn der Schornsteinfeger rechtzeitig kam | und den Schornstein | in Ordnung brachte. | Der Schornsteinfeger | gilt heute noch | als Glücksbringer. | Ein anderes Wort | für Schornsteinfeger | ist Kaminkehrer.

Zeige deinen abgeschriebenen Text einem Erwachsenen.

**13**

Die Wortfamilie hilft dir durch das „Stammprinzip" beim Richtigschreiben.

**1** Ein Wort in der Reihe gehört nicht zur Wortfamilie. Streiche es durch.

kämmen – der Kamm – ~~er kam~~ – gekämmt

die Höhle – ~~holen~~ – hohl – der Höhlenbär – aushöhlen

die Hochzeit – am höchsten – ~~horchen~~ – hoch

der Wendepunkt – wenden – ~~die Wände~~ – abwenden

träumte – der Albtraum – ~~die Treue~~ – verträumt

verstellen – die Haltestelle – ~~die Kuhställe~~ – abgestellt

**2** Ergänze die Tabelle. Das Wörterbuch kann dir helfen.

| Nomen | Verb | Adjektiv |
|---|---|---|
| der Haufen | aufhäufen | häufig |
| die Süßigkeiten | versüßen | süß |
| die Liebenden | lieben | lieb |
| der Herr | verherrlichen | herrlich |
| das Herz | herzen | herzlich |
| der Feind | anfeinden | feindlich |
| die Zahl | zählen | zählbar |
| die Passform | passen | passend |
| die Luft | lüften | luftig |

**3** Markiere bei den Wörtern in der Tabelle die Vorsilben mit ⌐, den Wortstamm mit ⌐⌐ und die Endbausteine mit .⌐.

**14**

**4** Zerlege die Wörter in Vorsilbe, Wortstamm und Endbaustein.

ge sag t – Zerrissenheit – Unglück – besuchen – Eingabe – Verschmutzung – vorsichtig – Eitelkeit – kommst – Freundschaft – Freunde – Missverständnis – Zuschauer – entschuldigen – Freundin – angeben – Untergang

Vorsilben: ge, zer, Un, be, Ein, Ver, vor, miss, ver, Zu, ent, an, Unter

Wortstämme: sag, riss, glück, such, gab, schmutz, sicht, Eitel, komm, Freund, ständ, schau, schuld, geb, gang

Endbausteine: t, en, heit, e, ung, ig, keit, st, schaft, er, nis, in

**5** Suche Wörter zur Wortfamilie Lauf/lauf.

Zeige deine Wörter einem Erwachsenen. | Lauf lauf

**?!** Hier ist Platz für deine eigene Wortfamilie.

Zeige deine Wörter einem Erwachsenen.

Ich kann Wortverwandte finden.

**15**

---

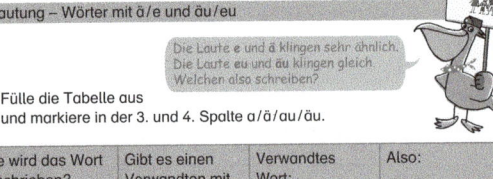

Die Laute e und ä klingen sehr ähnlich. Die Laute eu und äu klingen gleich. Welchen also schreiben?

**1** Fülle die Tabelle aus und markiere in der 3. und 4. Spalte a/ä/au/äu.

| Wie wird das Wort geschrieben? | Gibt es einen Verwandten mit a oder au? | Verwandtes Wort: | Also: |
|---|---|---|---|
| das R ä tsel | ja ☒ nein ☐ | raten | das Rätsel |
| die H e rde | ja ☐ nein ☒ | | die Herde |
| qu ä len | ja ☒ nein ☐ | die Qual | quälen |
| h äu fig | ja ☒ nein ☐ | der Haufen | häufig |
| die L eu chte | ja ☐ nein ☒ | | die Leuchte |
| sch ä len | ja ☒ nein ☐ | die Schale | schälen |
| die W e rbung | ja ☐ nein ☒ | | die Werbung |
| das Geh äu se | ja ☒ nein ☐ | das Haus | das Gehäuse |
| h eu len | ja ☐ nein ☒ | | heulen |
| ein äu gig | ja ☒ nein ☐ | das Auge | einäugig |
| freih ä ndig | ja ☒ nein ☐ | die Hand | freihändig |
| der Br äu tigam | ja ☒ nein ☐ | die Braut | der Bräutigam |
| die Eu le | ja ☐ nein ☒ | | die Eule |
| s äu erlich | ja ☒ nein ☐ | sauer | säuerlich |
| ausb eu len | ja ☐ nein ☒ | | ausbeulen |
| die Str äu cher | ja ☒ nein ☐ | der Strauch | die Sträucher |
| str eu en | ja ☐ nein ☒ | | streuen |
| die Fr eu ndschaft | ja ☐ nein ☒ | | die Freundschaft |
| die W ä rme | ja ☒ nein ☐ | warm | die Wärme |
| die N ä he | ja ☒ nein ☐ | nah | die Nähe |

**16**

**2** Finde zu jedem Wort vier verwandte Wörter mit ä.

warm: _____

kalt: Zeige deine Wörter einem Erwachsenen.

tragen: _____

die Angst: _____

**3** Finde zu jedem Wort vier verwandte Wörter mit äu.

die Haut: _____

laufen: Zeige deine Wörter einem Erwachsenen.

der Traum: _____

kaufen: _____

**4** Schreibe Sätze in der 3. Person (er/sie/es) Singular (Einzahl). Beispiel: fahren – Er fährt jeden Tag mit dem Fahrrad zur Schule.

raten   auffangen   einladen   tragen   laufen

Zeige deine Sätze einem Erwachsenen.

Ich weiß, wann ich ä/äu schreiben muss.

**17**

Die Laute am Ende ... klingen jeweils sehr ähnlich. Welchen musst du schreiben?

① Sprich die Wortpaare. Was fällt dir auf?

Die Laute d/t, g/k, b/p am Wortende klingen sehr ähnlich.

② Finde den fehlenden Buchstaben durch Verlängern.

a) Verlängere die Nomen durch ihren Plural (Mehrzahl).

der Stran **d** ~ die Strän-de     der Krie **g** ~ die Krie-ge

die Luf **t** ~ die Lüf-te     der Ty **p** ~ die Ty-pen

das Gra **d** ~ die Gra-de     der We **g** ~ die We-ge

b) Verlängere die Verben durch ihre Grundform.

er he **b** t ~ he-ben     sie fän **g** t ~ fan-gen

sie sie **b** t ~ sie-ben     er pum **p** t ~ pum-pen

es le **g/b** t ~ le-gen/le-ben     er hin **k** t ~ hin-ken

c) Verlängere die Adjektive durch ihre Vergleichsform.

wüten **d** ~ wü-ten-der     kal **t** ~ käl-ter

blan **k** ~ blan-ker     trauri **g** ~ trau-ri-ger

lie **b** ~ lie-ber     gesun **d** ~ ge-sün-der

✂! Finde zu Aufgabe a, b und c jeweils selbst noch zwei Beispiele.

Zeige deine Wörter einem Erwachsenen.

**18**

---

③ Hier musst du Wörter zerlegen und die Wortart wechseln, um einen Beweis für die richtige Schreibung zu finden.

Käse ist ein Milcherzeu **g** nis. ~ er-zeu-gen

Der 1000m-Läufer setzte zum En **d** spurt an. ~ En-de/en-den

Der Schiedsrichter pfeift zur Hal **b** zeit. ~ hal-be/hal-bie-ren

Mein kleiner Bruder ist sehr le **b** haft. ~ le-ben/Le-ben

Der sie **g** reiche Prinz heiratete die Prinzessin. ~ sie-gen

Der Tiger gehört zur Gattung der Rau **b** tiere. ~ rau-ben/Räu-ber

Tarzan baumelt an einer Schlin **g** pflanze. ~ schlin-gen/Schlin-ge

④ Sammle Wörter zu diesen häufig vorkommenden Wortbausteinen.

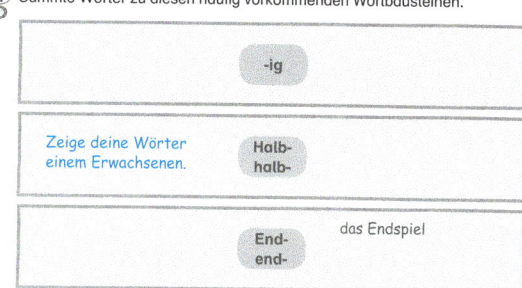

-ig

Zeige deine Wörter einem Erwachsenen.

Halb-
halb-

End-
end-

das Endspiel

Der Wortbaustein End-/end- weist immer darauf hin, dass etwas zu Ende geht ...

 Ich kann Lautverhärtungen durch Verlängern überprüfen.

**19**

---

Andere Vorsilbe – anderer Sinn!

① Setze die Anfangsbausteine und die Verben zu sinnvollen Wörtern zusammen.

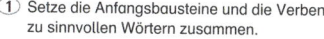

be, zu, an, zer, vor, ver, ab, ein, hin, unter  **nehmen**

ge, be, zu, zer, vor, ver, ab, ein, hin, unter  **gehen**

benehmen, zunehmen, vornehmen, vernehmen, hinnehmen,

unternehmen, einnehmen, abnehmen, annehmen

begehen, zugehen, vorgehen, vergehen, hingehen,

untergehen, eingehen, abgehen, zergehen

② Setze in die Lücken treffende Verben aus Aufgabe 1 ein. Wähle die Form des Verbs so, dass es in den Satz passt.

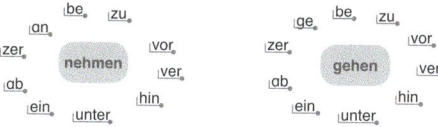

Der Kommissar ___vernimmt___ den Verbrecher.

Die Titanic musste nach dem Zusammenstoß ___untergehen___ .

Die Schokolade ___zergeht___ mir auf der Zunge.

Bei zu wenig Pflege wird die Pflanze ___eingehen___ .

Ich darf nichts von Fremden ___annehmen___ .

Lass uns am Wochenende etwas zusammen ___unternehmen___ .

Heute ___begehen___ meine Eltern ihren 10. Hochzeitstag.

**20**

---

③ Bei diesen Sätzen musst du die zusammengesetzten Verben aus Aufgabe 1 wieder trennen.

Die Wanduhr ___geht___ um 10 Minuten ___vor___ .

Der Mond ___geht___ erst auf und dann wieder ___unter___ .

Ich ___nehme___ mir ___vor___ , mein Zimmer aufzuräumen.

Die Lehrerin ___nimmt___ ___an___ , dass wir alle gute Noten schreiben.

④ Bilde, wo möglich, aus den Verben von Aufgabe 1 Nomen.

das Benehmen, der Eingang, die Zunahme, die Vernehmung,

das Unternehmen/die Unternehmung, die Einnahme, die Abnahme,

die Annahme, die Begehung, der Zugang, das Vorgehen/die Vorgehens-

weise, der Untergang, der Eingang, der Abgang

⑤ Setze die Wörter mit der Vorsilbe Un-/un- zusammen.
🖉 Trage die Wörter an der richtigen Stelle in das Gitterrätsel ein.

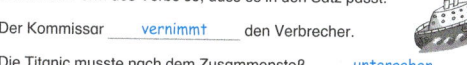

Die Vorsilbe Un-/un- drückt etwas Negatives oder das Gegenteil aus.

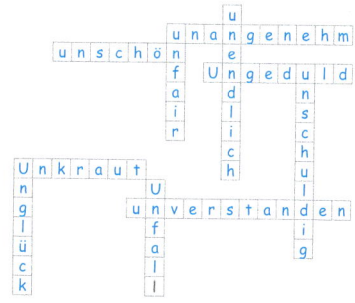

Glück
angenehm
Fall
fair
endlich
Kraut
schuldig
verstanden
Geduld
schön

**21**

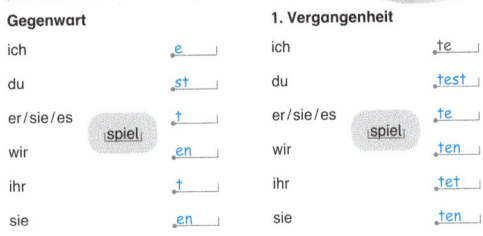

① Ergänze die Endbausteine des Verbs passend zu den Pronomen (Fürwörtern).

| **Gegenwart** | | **1. Vergangenheit** | |
|---|---|---|---|
| ich | _e_ | ich | _te_ |
| du | _st_ | du | _test_ |
| er/sie/es | _t_ | er/sie/es | _te_ |
| wir | _en_ | wir | _ten_ |
| ihr | _t_ | ihr | _tet_ |
| sie | _en_ | sie | _ten_ |

(spiel) — Gegenwart   (spiel) — 1. Vergangenheit

② Schreibe hier alle Verbformen aus Aufgabe 1 auf. Markiere den Wortstamm.

ich spiele, du spielst, er/sie/es spielt, wir spielen, ihr spielt, sie spielen

ich spielte, du spieltest, er/sie/es spielte, wir spielten, ihr spieltet, sie spielten

③ Finde alle Verbformen zu wähl. Markiere den Wortstamm.

ich wähle, du wählst, er/sie/es wählt, wir wählen, ihr wählt, sie wählen

ich wählte, du wähltest, er/sie/es wählte, wir wählten, ihr wähltet, sie wählten

*Ich kenne Endbausteine von Verben.*

22

---

① Silbenrätsel. Setze die Puzzleteile zu sinnvollen Adjektiven zusammen.

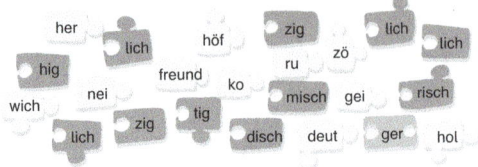

her   lich   höf   zig   lich   lich
hig   freund   ru   zö
wich   nei   ko   misch   gei   risch
lich   zig   tig   disch   deut   ger   hol

herrisch, höflich, freundlich, ruhig,

zögerlich, wichtig, neidisch, komisch, geizig,

holzig, deutlich

*Diese Endbausteine sind Hinweise für Adjektive.*

② Markiere bei Aufgabe 1 alle Endbausteine mit ___.

Die Endbausteine heißen: ig ___ isch ___ lich ___

?! Hier ist Platz für deine eigenen Adjektive mit Endbausteinen.

*Zeige deine Wörter einem Erwachsenen.*

*Ich kenne Endbausteine von Adjektiven.*

23

---

① Markiere lange Vokale mit einem ▭ und kurze mit ●.

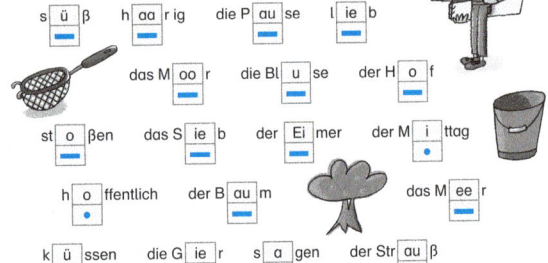

s [ü] ß   h [aa] rig   die P [au] se   l [ie] b

das M [oo] r   die Bl [u] se   der H [o] f

st [o] ßen   das S [ie] b   der [Ei] mer   der M [i] ttag

h [o] ffentlich   der B [au] m   das M [ee] r

k [ü] ssen   die G [ie] r   s [a] gen   der Str [au] ß

② Ordne die Wörter aus Aufgabe 1 in die Tabelle ein.

| ▭ mit ie | ▭ mit ß | ▭ mit doppeltem Vokal |
|---|---|---|
| lieb | süß | das Moor |
| das Sieb | stoßen | das Meer |
| die Gier | der Strauß | haarig |

| ▭ mit Doppellaut | ▭ mit einfachem Vokal | ● mit einfachem Vokal |
|---|---|---|
| die Pause | der Hof | küssen |
| der Baum | die Bluse | hoffentlich |
| der Eimer | sagen | der Mittag |

*Ich kann lange und kurze Vokale unterscheiden.*

24

---

*süß ist einsilbig.*
*sü-ßer ist zweisilbig.*

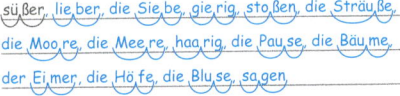

① Schreibe hier alle Wörter von S. 24 mit langem Vokal auf und zeichne Silbenbögen darunter. Besteht ein Wort nur aus einer Silbe, dann schreibe seine zweisilbige Form auf.

süßer, lieber, die Siebe, gierig, stoßen, die Sträuße, die Moore, die Meere, haarig, die Pause, die Bäume, der Eimer, die Höfe, die Bluse, sagen,

② Schreibe hier alle Wörter von S. 24 mit kurzem Laut auf und zeichne Silbenbögen darunter.

küssen, hoffentlich, der Mittag,

*Silben, die mit einem Vokal enden, nennt man offene Silben.*
*Silben, die mit einem Konsonant enden, nennt man geschlossene Silben.*

③ Kreise offene Silben braun ein, geschlossene Silben schwarz.

Bag   ho   Häu   sit   Pup   schie   Haa   Spä

④ Setze die Silben aus Aufgabe 3 mit diesen Silben zu Wörtern zusammen.

ße   pe   ser   ger   zen   re   ben   len

Späße, Puppe, Bagger, holen, Häuser

sitzen, schieben, Haare

25

① Kennzeichne, ob der i-Laut in den Wörtern lang (▭) oder kurz (⬤) gesprochen wird.

der R ie se   die B ie ne   „ sch ie f

st i mmen   der H i rte   der R ie men

st i ll   der M ie f   sch ie ben   s i ngen

❓❗ Was fällt dir bei allen kurzen i-Lauten auf?  wird immer als i geschrieben
Was fällt dir bei allen langen i-Lauten auf?  wird als ie geschrieben

② Entscheide, ob ein i oder ein ie in die Lücken gehört.
Beweise mit ▭ oder ⬤.

das T ie r   die Horn i sse   der M i sthaufen

die K i nder   die Zw ie bel   b ie stig   z i ttern

die K ie fer   der D ie ner   b i tten   der R i ss

③ Reimwörter. Markiere jeweils ie mit gelb.

| vier | Ziegel | Fliege | Sieb |
|------|--------|--------|------|
| Bier | Spiegel | Wiege | Dieb |
| Stier | Riegel | Liege | lieb |
| Gier | Siegel | Ziege | Hieb |

26

④ Ordne diese Wörter nach kurz- und langgesprochenem i-Laut und zeichne dann die Silbenbögen ein.

Wiege – Zimmer – piepen – Kirsche – Lippe – ziehen –
ritzen – tiefer – Witterung – niemand – Kiste – viele

⬤ Zim‿mer, Kir‿sche, Lip‿pe, rit‿zen,
Wit‿te‿rung, Kis‿te,

▭ Wie‿ge, pie‿pen, zie‿hen, tie‿fer, nie‿mand, vie‿le,

❓❗ Was haben die ersten Silben der Wörter mit ie gemeinsam?  offene Silben
Was haben die ersten Silben der Wörter mit i gemeinsam?  geschlossene Silben

⑤ Sortiere die Wörter mit ie nach ihren Wortfamilien und ihrer Wortart.

bekriegen – ziellos – die Biegung – lieblich – das Spiel – mitfiebern
biegen – lieben – das Ziel – der Krieger – spielerisch – biegsam
das Fieber – spielen – der Geliebte – zielen – kriegerisch – fiebrig

| Wortfamilie | Nomen | Verb | Adjektiv |
|-------------|-------|------|----------|
| Krieg/krieg | der Krieger | bekriegen | kriegerisch |
| Ziel/ziel | das Ziel | zielen | ziellos |
| Bieg/bieg | die Biegung | biegen | biegsam |
| Lieb/lieb | der Geliebte | lieben | lieblich |
| Fieb/fieb | das Fieber | mitfiebern | fiebrig |
| Spiel/spiel | das Spiel | spielen | spielerisch |

◎ Ich kann entscheiden, ob i oder ie.

27

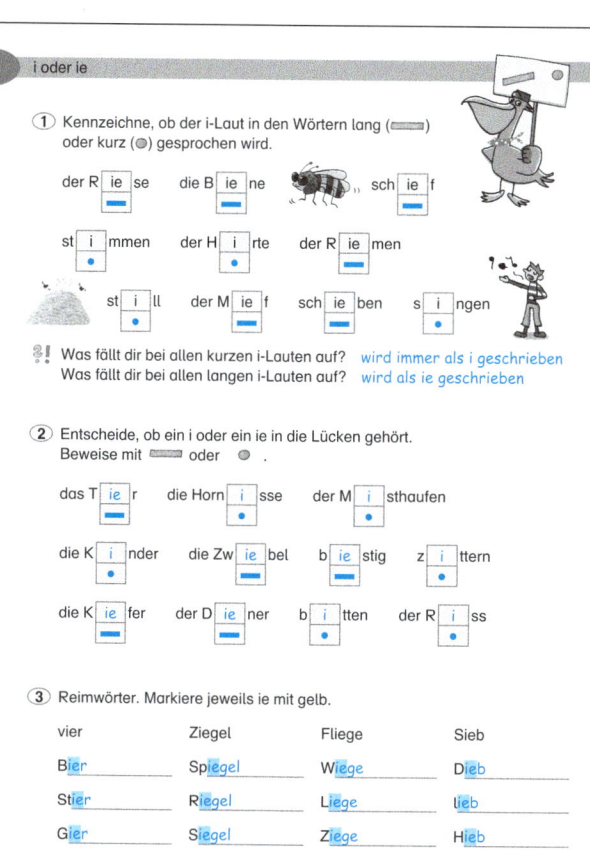

Klasse · grün · Kinder · nett · Pulli · Tafel · schreiben · Schwamm · Hose · Tisch · Apfel · malen · bastern · Mäppchen

① Schreibe die Wörter aus dem Bild geordnet nach kurz- oder langgesprochenen Vokalen auf.

▭                              ⬤

| grün | Klasse |
|------|--------|
| Tafel | Schwamm |
| Hose | nett |
| malen | Apfel |
| schreiben | Tisch |
| | Mäppchen |
| | Pulli |
| | Kinder |
| | basteln |

Denk daran ...

Nach einem ▭ Vokal kommt __1__ Konsonant.

Nach einem ⬤ Vokal kommen mindestens __2__ Konsonanten.

Entwedder unterschiedliche oder zwei __gleiche__ .

28

② Entscheide über die richtige Schreibung. Begründe mit ▭ / ⬤.

s/ss: anfa ss en, kra ss , die Va s e, das Pfla s ter, bla ss

t/tt: komple tt , der Tä t er, mi tt ags, ru t schen, ma tt

m/mm: der Ku mm er, ja mm ern, der Ku m pel, der Do_m

n/nn: pe nn en, sie ka nn , die Posau n e, der Ke nn er, wo nn ig

r/rr: der Ho rr or, kna rr en, der Spu r t, der He rr , pu r

f/ff: ru f en, das Ka ff , das Ri ff , tre ff en, die Har f e

l/ll: to ll , der Ba l kon, das A l ter, kna ll en, die Pi ll e

p/pp: sto pp en, der Ti pp , stül p en, die O p er, die Tru pp en

g/gg: ba gg ern, die E gg e, flü gg e, der Flü g el, der Sar g

b/bb: die Nar b e, die E bb e, e b en, die Kra bb e, sa bb ern

d/dd: pa dd eln, der Pu dd ing, re d en, der San d kasten

③ Finde weitere Verwandte aus der Wortfamilie.
Das Wörterbuch kann dir helfen.

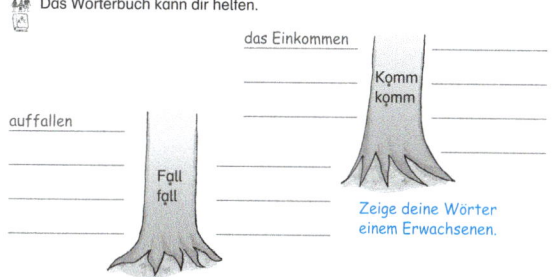

das Einkommen

Komm
komm

auffallen

Fall
fall

Zeige deine Wörter einem Erwachsenen.

29

**1** Silbenrätsel. Setze die Silben zu Lösungswörtern zusammen.

Kut – le – re – ter – bel – pen – ne – wie – Wet – beln – Knap – ter –
Gi – Hen – tar – Ton – krab – len – hern – Fül – pe – schnip – ne

Regen, Sonne, Wolken, Wind gehören zum Wet͜ter.

Ein Musikinstrument mit Saiten: Gi͜tar͜re.

1000 Kilogramm sind eine Ton͜ne.

Ein Boot zum Fische fangen nennt man Kut͜ter.

Kleine Babys gehen nicht, sondern krab͜beln.

Katzen miauen und Hunde bel͜len.

Ziegen meckern und Pferde wie͜hern.

In Hülle und Fül͜le.

Der Diener eines Ritters hieß Knap͜pe.

Ich kann mit meinen Fingern schnip͜pen.

Der Hahn und die Hen͜ne.

**2** Zeichne bei den Lösungswörtern Silbenbögen ein. ͜

**✂!** Erfinde selbst ein Silbenrätsel mit Doppelkonsonanten.

> Zeige dein Rätsel einem Erwachsenen.

30

---

**3** Richtig oder falsch?
Entscheide mit einer zweisilbigen Form.

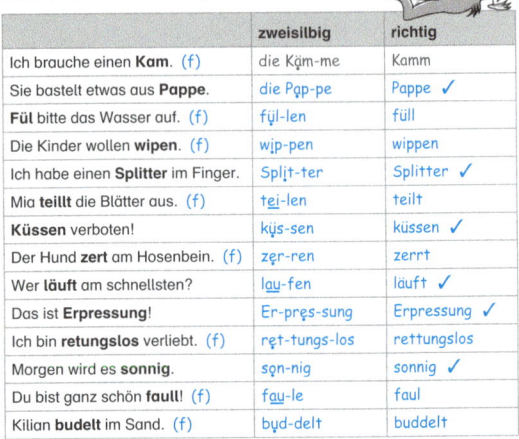

Du findest 8 Fehler.

| | zweisilbig | richtig |
|---|---|---|
| Ich brauche einen **Kam**. (f) | die Käm-me | Kamm |
| Sie bastelt etwas aus **Pappe**. | die Pap-pe | Pappe ✓ |
| **Fül** bitte das Wasser auf. (f) | fül-len | füll |
| Die Kinder wollen **wipen**. (f) | wip-pen | wippen |
| Ich habe einen **Splitter** im Finger. | Split-ter | Splitter ✓ |
| Mia **teillt** die Blätter aus. (f) | tei-len | teilt |
| **Küssen** verboten! | küs-sen | küssen ✓ |
| Der Hund **zert** am Hosenbein. (f) | zer-ren | zerrt |
| Wer **läuft** am schnellsten? | lau-fen | läuft ✓ |
| Das ist **Erpressung**! | Er-pres-sung | Erpressung ✓ |
| Ich bin **retungslos** verliebt. (f) | ret-tungs-los | rettungslos |
| Morgen wird es **sonnig**. | son-nig | sonnig ✓ |
| Du bist ganz schön **faull**! (f) | fau-le | faul |
| Kilian **budelt** im Sand. (f) | bud-delt | buddelt |

**4** Hier sind nicht alle Doppelkonsonanten „echt".
Zeichne nach jedem Wort einen Trennungsstrich ein.

Stuhl|lehnen|nutzung      Sms|schreiber|rechnung

Apfel|limetten|nuss|sirup|pudding|glas|sicherung

Melk|kuh|halter|registrierungs|schein

Luft|trübungs|schleier|rest|test

Puffer-s!

31

---

Im Deutschen gibt es kein
kk und kein zz. Deshalb gelten
ck und tz als Doppelkonsonanten.

**1** Entscheide, ob die Wörter mit k oder ck geschrieben werden.
Begründe mit ▬ oder ●.

der Ha_k_en      ne_ck_en      der Ro_ck_er      die Wol_k_e

we_ck_en      po_k_ern      le_ck_en      der Ker_k_er

die Glo_ck_e      die Lü_ck_en      die Ban_k_      das La_k_en

star_k_      schme_ck_en      die Krü_ck_e      der An_k_er

**2** Entscheide, ob die Wörter mit z oder tz geschrieben werden.
Begründe mit ▬ oder ●.

der Wei_z_en      die Är_z_tin      ran_z_ig      plö_tz_en

das Gese_tz_      die Spri_tz_e      der Pil_z_      das Kreu_z_

glo_tz_en      die Hei_z_ung      das Ne_tz_      schmu_tz_ig

wi_tz_ig      der So_tz_      stol_z_      der Tan_z_      der Bli_tz_

**3** Hier ist Platz für deine Lieblingswörter mit Doppelkonsonant.

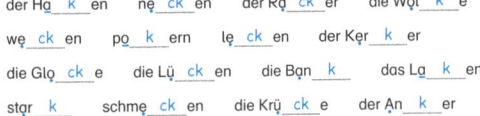

> Zeige deine Wörter einem Erwachsenen.

Ich weiß, wann ich einen
Doppelkonsonanten schreiben muss. ◎

32

---

Merkwörter einprägen

So kannst du
Merkwörter üben.

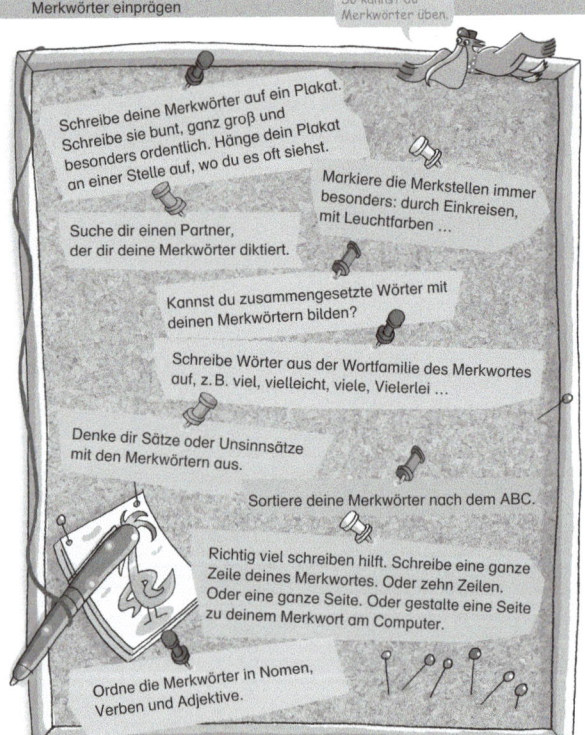

Schreibe deine Merkwörter auf ein Plakat.
Schreibe sie bunt, ganz groß und
besonders ordentlich. Hänge dein Plakat
an einer Stelle auf, wo du es oft siehst.

Markiere die Merkstellen immer
besonders: durch Einkreisen,
mit Leuchtfarben …

Suche dir einen Partner,
der dir deine Merkwörter diktiert.

Kannst du zusammengesetzte Wörter mit
deinen Merkwörtern bilden?

Schreibe Wörter aus der Wortfamilie des Merkwortes
auf, z. B. viel, vielleicht, viele, Vielerlei …

Denke dir Sätze oder Unsinnsätze
mit den Merkwörtern aus.

Sortiere deine Merkwörter nach dem ABC.

Richtig viel schreiben hilft. Schreibe eine ganze
Zeile deines Merkwortes. Oder zehn Zeilen.
Oder eine ganze Seite. Oder gestalte eine Seite
zu deinem Merkwort am Computer.

Ordne die Merkwörter in Nomen,
Verben und Adjektive.

33

## Seite 34

Das Dehnungs-h kommt nur nach einem langgesprochenen Vokal.

① Ordne diese Wörter. Markiere den Vokal und h.

> ahnen, der Sohn, gewöhnen, führen, die Bohne, kühl, wohnen, nehmen, der Draht, rühren, sehr, die Zahl, wahr, zehn, Ohr, der Zahn, das Mehl, lahm, das Huhn, kehren, befehlen, fahren, fehlen, die Gefahr, die Höhle, der Stuhl, mehr, die Uhr, ungefähr, während, wahr, wohl, rühren, die Fahne, wühlen, der Lehrer, das Gefühl, hohl, roh, stehlen, wehren, wählen

Wörter mit ah/äh 🇬🇧 ahnen, der Draht, die Zahl, wahr,

der Zahn, lahm, fahren, die Gefahr, ungefähr, während, wahr,

die Fahne, wählen

Wörter mit oh/öh 👂 der Sohn, gewöhnen, die Bohne, wohnen,

die Höhle, wohl, hohl, roh, Ohr

Wörter mit uh/üh ⏰ führen, kühl, rühren, das Huhn,

der Stuhl, die Uhr, rühren, wühlen, das Gefühl

Wörter mit eh 🔟 nehmen, sehr, zehn, das Mehl, kehren, befehlen,

fehlen, mehr, der Lehrer, stehlen, wehren

Miniwörter mit h – unbedingt merken: ihr ihm ihn

34

---

## Seite 35

② Finde passende Reimwörter mit der gleichen Merkstelle. Markiere den Vokal und h.

| der Lohn | der Kahn | die Sahne |
|---|---|---|
| z. B. der Sohn | z. B. der Hahn | z. B. die Fahne |
| der Pfahl | rühren | wehren |
| z. B. die Zahl | z. B. führen | z. B. begehren |
| wühlen | hohl | mehr |
| z. B. fühlen | z. B. wohl | z. B. sehr |

③ Suche zu diesen Wortstämmen verwandte Wörter. Markiere den Wortstamm.

Zahl/zahl _____

Nehm/nehm _____ Zeige deine Wörter einem Erwachsenen.

Fahr/fahr _____

④ Bilde zusammengesetzte Nomen.

| ARZT | WURZEL | WEH | FLEISCH | PFLEGE |
|---|---|---|---|---|
| | | ZAHN  | | |
| LÜCKE | BÜRSTE | SCHMELZ | SPANGE | CREME |

Zahnarzt, Zahnwurzel, Zahnweh, Zahnfleisch, Zahnpflege

Zahnlücke, Zahnbürste, Zahnschmelz, Zahnspange, Zahncreme

35

---

## Seite 36

Bei Merkwörtern gibt es keinen Trick. Ich muss mir die Schreibweise merken.

① Suchsel. Finde die 17 Wörter mit V/v.

```
F J O I N L O B O V F Z Y Z V K U Z G E
S A I V S C C H K O A I H V I J K V K S
R K Y I Q N F P T L X N H R X H J A H Z
T P P D G N U W C O A V I K B L S M K Y
Z V I E R Z I G P K N A L L P C E H A D
K O O U B K B L V P S A N L P I X U O
L T E B G T V U Y I R E V U A E U M F P
X Y Q A R Z V E A Y B V A H P V V B B O
I K N T L I B K R O T I I P Q U I K U S
S T E U B V G Y B V T F E E G Y R G G
S R U A T I O V S X F A J O R J F P U Q
D B Q V D Q L N L E M M Z U J E M O R S
A Q X I D V L L S U J I K T L S C N E H
C Z H Q H W E U E E N V O K A L K H B
M L P K A I D N I T R E Q Z V O P E I X
I P L P T S R T T G O V N O H K J Z N G
P O M A J D R V I E R T E L D F J C Q S
V L K I S F V I O L I N E B X B L T T V
F M W V K V A M P I R M J G U O N Q C S
G B H Y I Q J J I F F L Q G R P P C B D
```

② Trage die Wörter nach ihrer Aussprache geordnet hier ein. Achte auf die Groß- und Kleinschreibung.

V/v gesprochen wie f

viereckig, vierzig, voll,

Volk, Viertel, Konserve

V/v gesprochen wie w

Vampir, Video, Vase,

Vanille, Vokal, Vitamine,

Verb, Vulkan, Advent,

Violine, Virus

36

---

## Seite 37

Merkwörter mit ä haben keinen Wortverwandten mit a.

① Markiere das ä in diesen Wörtern rot.

| der Käfer 🐞 | der Käfer | der Käfer |
|---|---|---|
| der Käse | der Käse | der Käse |
| spät | spät | spät |
| während | während | während |
| die Säge | die Säge | die Säge |
| der Käfig | der Käfig | der Käfig |
| der März | der März | der März |
| der Lärm | der Lärm | der Lärm |
| die Träne | die Träne | die Träne |
| der Bär | der Bär | der Bär |
| das Mädchen | das Mädchen | das Mädchen |
| mähen | mähen | mähen |

② Schreibe die Wörter einmal in die zweite Spalte ab. Kontrolliere Buchstabe für Buchstabe.

③ Merke dir jeweils ein Wort, decke es ab und schreibe es in der dritten Spalte auswendig auf. Kontrolliere dann Buchstabe für Buchstabe.

④ Finde jeweils drei Wörter aus der Wortfamilie dazu.

die Säge: _____

mähen: _____ Zeige deine Wörter einem Erwachsenen.

spät: _____

der Lärm: _____

37

## Merkwörter mit lang gesprochenem i

*Obwohl du das i lang sprichst, darfst du bei diesen Wörtern kein ie schreiben.*

① Setze zu Wörtern zusammen und schreibe auf.
🔍 Markiere das lang gesprochene i immer rot.

Ru — Kam — in — Konstant — Law — Margar
Benz — Masch — ine — Apfels
Term — Mediz — Turb — Sab

Ruin, Kamin, Konstantin, Benzin, Termin, Medizin,
Lawine, Margarine, Maschine, Turbine, Sabine, Apfelsine

② Löse die Rätsel.

a) Ein Tier, das starke Zähne hat und damit Bäume annagt:
Biber

b) Eine Größeneinheit für 1000 g: Kilo/Kilogramm

c) Ein Gebäude, in dem man sich Filme angucken kann: Kino

d) Der längste Fluss Afrikas: Nil

e) Das heilige Buch der Christen: Bibel

f) Ein stark gefährdetes Raubtier mit schwarzen Streifen: Tiger

③ Markiere in Aufgabe 2 das lange i jeweils rot.

38

---

## Merkwörter mit Doppelvokal

*Die Vokale a, e und o kommen in seltenen Fällen doppelt vor.*

① Schlage diese Wörter im Wörterbuch nach
✏ und schreibe sie eine Zeile lang. Markiere die Doppelvokale rot.

Waage, Waage, Waage, Waage, Waage, Waage, Waage, Waage
Haare, Haare, Haare, Haare, Haare, Haare, Haare, Haare, Haare
Aal, Aal, Aal, Aal, Aal, Aal, Aal, Aal, Aal, Aal, Aal, Aal, Aal, Aal
Erdbeere, Erdbeere, Erdbeere, Erdbeere, Erdbeere, Erdbeere
Schnee, Schnee, Schnee, Schnee, Schnee, Schnee, Schnee
Kaffee, Kaffee, Kaffee, Kaffee, Kaffee, Kaffee, Kaffee, Kaffee
Meer, Meer, Meer, Meer, Meer, Meer, Meer, Meer, Meer, Meer
Boot, Boot, Boot, Boot, Boot, Boot, Boot, Boot, Boot, Boot

② Baue mit den Wörtern aus Aufgabe 1 zusammengesetzte Nomen.

der Schnee mann – die Schnee flocke
die Erdbeer marmelade – der Erdbeer kuchen
das Ruderboot – das Gummiboot
die Haar bürste – das Hundehaar
die Wasserwaage – die Küchenwaage
die Kaffee tasse – die Kaffee kanne
der Zitteraal – der Räucheraal
das Mittelmeer – die Meer jungfrau

39

---

## Merkwörter mit ß

*ß kommt nur nach einem langgesprochenen Vokal.*

① Schreibe diese Wörter nach dem ABC geordnet auf.
Markiere das ß immer rot.

Fuß – schießen – draußen – weiß – außen – Gruß –
fleißig – heißen – bloß – Spaß – stoßen – dreißig

außen, bloß, draußen, dreißig, fleißig, Fuß,
Gruß, heißen, schießen, Spaß, stoßen, weiß

② In die Lücken passen Wörter aus Aufgabe 1. Du musst sie
aber ein wenig ändern (Wortverwandte!), damit es richtig wird.

Die rote Bluse ist schöner als die _____weiße_____ Bluse.

Ich brauche Socken, weil meine _____Füße_____ kalt sind.

Ohne _____Fleiß_____ kein Preis!

Der Indianer _____schießt_____ mit Pfeil und Bogen.

Ich soll dich schön von Oma _____grüßen_____.

Der Clown bringt alle zum Lachen. Er ist richtig _____spaßig_____.

③ Achtung! Hier ist der kurze ⬤ bzw. lange ▭ Vokal
wichtiger als die Wortverwandtschaft.

| Grund-form | Präsens (Gegenwart) | | Präteritum (1. Vergangenheit) | |
|---|---|---|---|---|
| essen | sie isst | wir essen | sie aß | wir aßen |
| wissen | ich weiß | du weißt | ich wusste | du wusstest |
| fließen | es fließt | wir fließen | es floss | wir flossen |
| beißen | ich beiße | wir beißen | ich biss | wir bissen |

40

---

## Fremdwörter

*Fremdwörter stammen aus anderen Sprachen. Daher werden sie meistens anders geschrieben als gesprochen.*

① Verbinde jedes Fremdwort mit der passenden Erklärung.

anonym
positiv
Premiere
cash
explodieren
Typ
Trainer

durch inneren Druck platzen
namenlos, ohne Absender
schön, gut; zustimmend
Kerl; Mensch mit einem bestimmten Wesen; Art
gegen Barzahlung, bar
Begleiter einer Sportmannschaft
Erstaufführung, etwas geschieht zum ersten Mal

② Markiere in den Fremdwörtern aus Aufgabe 1 die schwierigen Stellen rot.

③ Schreibe hier jedes Fremdwort eine Zeile lang.
✏ Verwende verschiedene Farben.

anonym, anonym, anonym, anonym, anonym, anonym, anonym, anonym
positiv, positiv, positiv, positiv, positiv, positiv, positiv, positiv, positiv
Premiere, Premiere, Premiere, Premiere, Premiere, Premiere, Premiere
cash, cash, cash, cash, cash, cash, cash, cash, cash, cash, cash, cash
explodieren, explodieren, explodieren, explodieren, explodieren
Typ, Typ, Typ, Typ, Typ, Typ, Typ, Typ, Typ, Typ, Typ, Typ, Typ, Typ
Trainer, Trainer, Trainer, Trainer, Trainer, Trainer, Trainer, Trainer

41

① Zeichne unter die Wörter Silbenbögen und sprich die Silben deutlich.
〰 Kreise die Wörter, bei denen du das h hören kannst, grün ein.

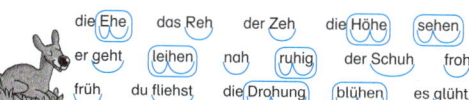

die Ehe   das Reh   der Zeh   die Höhe   sehen
er geht   leihen   nah   ruhig   der Schuh   froh
früh   du fliehst   die Drohung   blühen   es glüht

② Wenn du das h gut hören kannst,

steht es zwischen zwei _____Vokalen_____ .

③ Die anderen Wörter kannst du verlängern, um das h hörbar zu
machen. Zeichne auch hier Silbenbögen ein.

| das Reh | 〰 | die Re he |
| der Zeh | 〰 | die Ze hen |
| er geht | 〰 | ge hen |
| nah | 〰 | na he |
| der Schuh | 〰 | die Schu he |
| froh | 〰 | fro he |
| früh | 〰 | frü her |
| du fliehst | 〰 | flie hen |
| es glüht | 〰 | glü hen |

Beim Trennen kommt das h immer
in die nächste Silbe. Daher heißt
es auch silbentrennendes h.

42

---

④ Ergänze die Tabelle.

| Grundform | ich-Form | du-Form | er/sie/es-Form |
|-----------|----------|---------|----------------|
| drohen | drohe | drohst | droht |
| flehen | flehe | flehst | fleht |
| verzeihen | verzeihe | verzeihst | verzeiht |
| fliehen | fliehe | fliehst | flieht |
| sehen | sehe | siehst | sieht |
| drehen | drehe | drehst | dreht |
| leihen | leihe | leihst | leiht |
| glühen | glühe | glühst | glüht |
| ruhen | ruhe | ruhst | ruht |

⑤ Schreibe hier alle Verben aus Aufgabe 4
in der er-Form im Präteritum (1. Vergangenheit).

er drohte, er flehte, er verzieh, er floh, er sah, er drehte,

er lieh, er glühte, er ruhte

⑥ Bilde zusammengesetzte Wörter.
Achtung: Du musst die Wörter leicht verändern!

früher   drehen   sehen   glühen   leihen

das Kreuz | die Birne | das Stück | der Wagen | die Stärke

das Frühstück, das Drehkreuz, die Sehstärke,

die Glühbirne, der Leihwagen

◎ Bei manchen Wörtern kann ich das
h hörbar machen.

43

---

Knackstellen sind schwierige Stellen
im Wort. Du kannst sie erklären
oder musst sie dir merken.

Zeichen für Wörterforscher

| ⌐_ | ⌐⌐ | _⌐ |
|----|----|----|
| Anfangsbaustein | Wortstamm | Endbaustein |

| •–• | 👥 | ! |
|-----|-----|---|
| Pufferbuchstabe | Wortverwandte | Knackstelle(n) |

① Ergänze die Forscherblätter

| abschließen | |
|---|---|
| ⌐_•⌐ | ab schließ en |
| 👥 | schließen, einschließen |
| ! | abschließen |
| ! | ☐ erklären ☒ merken |

| herrlich | |
|---|---|
| ⌐_•⌐ | herr lich |
| 👥 | Herr, verherrlichen |
| ! | herrlich |
| ! | ☒ erklären ☐ merken |

| die Bohrmaschine | |
|---|---|
| ⌐_•⌐ | Bohr maschine |
| 👥 | bohren, der Bohrer |
| ! | die Bohrmaschine |
| ! | ☐ erklären ☒ merken |

| die Eintrittskarte | |
|---|---|
| ⌐_•⌐ | Ein tritt s karte |
| 👥 | eintreten, der Eintritt |
| ! | die Eintrittskarte |
| ! | ☒ erklären ☐ merken |

② Erkläre deine Knackstellen.

Zeige deine Lösung einem Erwachsenen.

_____

_____

44

---

③ Schwierige Forscherblätter

| die Freiheitsstatue | |
|---|---|
| ⌐_•⌐ | Freiheit s statue |
| 👥 | frei, Freibad, Freiraum |
| ! | Freiheitsstatue |
| ! | ☒ erklären ☐ merken |

| anvertrauen | |
|---|---|
| ⌐_•_⌐ | an ver trau en |
| 👥 | vertraut, Vertrauen |
| ! | anvertrauen |
| ! | ☒ erklären ☐ merken |

| die Landwirtschaft | |
|---|---|
| ⌐_•⌐ | Land wirt schaft |
| 👥 | ländlich, Landkarte |
| ! | Landwirtschaft |
| ! | ☒ erklären ☐ merken |

| rücksichtslos | |
|---|---|
| ⌐_•⌐ | rück sicht s los |
| 👥 | Rücken, rückwärts |
| ! | rücksichtslos |
| ! | ☒ erklären ☐ merken |

④ Forscherrätsel. Finde eigene Wörter.
👥! Markiere die Bausteine und Knackstellen.

Wort mit Anfangsbaustein, Wortstamm und Endbaustein: _____

Nomen mit zwei Wortstämmen und Pufferbuchstaben: _____

Adjektiv mit zwei Wortstämmen: _____

Wort mit drei Wortstämmen: _____

Zeige deine Lösung einem Erwachsenen.

45

## Fehler erklären

Erinnere dich: Manche Wörter haben Knackstellen.

| Dehnungs – h | ß | Doppelkonsonanten | aa/oo/ee |
|---|---|---|---|

| b/d/g am Wortende | langes i (kein ie) | Großschreibung |
|---|---|---|

| ck/tz | Wortverwandte: ä und äu-Wörter | V/v |
|---|---|---|

(1) Beschrifte die Plakate mit den Knackstellen.

**Knackstellen zum Nachdenken**
b/d/g am Wortende
ck/tz        Großschreibung
Doppelkonsonanten
Wortverwandte: ä und äu-Wörter

**Knackstellen zum Merken**
V/v                aa/oo/ee
          ß        langes i (kein ie)
Dehnungs – h

(2) Fehler und Hilfen. Verbinde.

| Fehler: F/f statt V/v | Wort mehrmals schreiben. Knackstelle hervorheben und merken. |
|---|---|
| Fehler: p/t/k statt b/d/g am Wortende | Auf den kurzen ⬤ Selbstlaut achten. |
| Fehler: Dehnungs – h, ß, aa, oo, ee nicht geschrieben | An die Beweise für Wortarten denken. |
| Fehler: Großschreibung nicht beachtet | Auf den langen ▭ Selbstlaut achten. |
| Fehler: Doppelkonsonanten oder ck/tz nicht geschrieben | Wortverwandte aufschreiben. |
| Fehler: e und eu statt ä und äu | Wort verlängern und trennen. |
| | Wörter mit der gleichen Knackstelle aufschreiben. |

46

---

## Fehler sinnvoll berichtigen

(1) Markiere die Fehler. Erkläre sie und berichtige sinnvoll.

| Fehler | Erklärung | Hilfe(n) |
|---|---|---|
| Fusball | ß, weil langer ▭ Selbstlaut | |

der Fußball, der Fußball, der Fußball, der Fuß – _____

die Füße, das Fußballspiel, der Gruß – die Grüße _____

| Fehler | Erklärung | Hilfe(n) |
|---|---|---|
| samelt | mm, weil kurzer • Selbstlaut | • |

sammelt, sammelt, sammelt, sammeln, der Sammler _____

_____

| Fehler | Erklärung | Hilfe(n) |
|---|---|---|
| Helt | d, weil Hel-den -> Held | |

Held, Held, Held, die Helden, das Heldentum _____

_____

| Fehler | Erklärung | Hilfe(n) |
|---|---|---|
| | | |

Zeige deine Lösung einem Erwachsenen.

_____

So kannst du auch deine Fehlerwörter berichtigen.

47

---

## Großschreibung von Nomen

Ob ein Wort ein Nomen ist, kannst du an verschiedenen Signalen erkennen.

Erinnere dich: Signale für Nomen

**Nomen haben Artikel:**
der, die, das, ein, eine

**Nomen sind Wörter für Lebewesen und Dinge, aber auch für vieles, was man nicht sehen, hören, riechen … kann.**
die Katze, der Baum, das Glück, der Traum

**Nomen können in der Einzahl und in der Mehrzahl stehen**
ein Haus – viele Häuser

(1) Ordne die Nomen. Schreibe sie mit einem Artikel auf.

Schaukel  Furcht  Geduld  Landkarte  Turnschuh  Erfolg  Trauer  Glück  Kaugummi  Person  Traum  Hecke  Planet  Problem  Hund  Liebe

| Nomen, die man sehen, hören, riechen, anfassen, zählen kann. | die Schaukel, die Landkarte, der Turnschuh, der/das Kaugummi, die Person, die Hecke, der Hund, der Planet |
|---|---|

| Nomen, die man nicht anfassen, … oder sehen kann. | die Furcht, die Geduld, der Erfolg, die Trauer, das Glück, der Traum, das Problem, die Liebe |
|---|---|

Finde weitere Beispielwörter und schreibe sie auf. **Zeige deine Wörter einem Erwachsenen.**

(2) Schreibe 8 Wörter aus Aufgabe 1 in der Einzahl und in der Mehrzahl auf.

ein Planet – viele Planeten,

ein Spiel – viele Spiele, eine Schaukel – viele Schaukeln,

eine Landkarte – viele Landkarten, ein Traum – viele Träume,

ein Problem – viele Probleme, ein Kaugummi – viele Kaugummis,

ein Erfolg – viele Erfolge, eine Hecke – viele Hecken, ein Hund – viele Hunde

48

---

## Noch mehr Signale für Nomen

Diese Erkennungszeichen musst du dir merken.

**Zwischen Artikel oder einem Fürwort und einem Nomen steht oft ein Adjektiv:**
ein schönes Haus, der alte Herr, mein neues Buch …

**Verhältniswörter mit versteckten Artikeln sind Signalwörter:**
aufs (auf das) Dach, vom (von dem) Himmel

**Fürwörter sind Signalwörter:**
mein, dein, sein, ihr, euer …

(3) Suche mithilfe der Signale die Nomen.

a) Markiere die Anfangsbuchstaben farbig. Unterstreiche die Signale. Die Anzahl der Fehler steht immer am Zeilenende.

Eines tages verliebten sich eine maus und ein karpfen ineinander. Der (3) große fisch wollte, dass die kleine maus in seinen teich zieht. Die maus (4) wollte nicht im wasser leben. Zu viele jahre war sie schon an land glücklich. (3) Die maus bat den karpfen zu ihr aufs land zu ziehen. Doch er wollte nicht, (3) da er am ufer nicht überleben konnte. So ging es noch eine weile hin und (2) her und bald begannen die zwei tiere heftig zu streiten. Am schluss (1) waren sie enttäuscht voneinander und gingen getrennte wege. (1)

b) Schreibe die Geschichte richtig ab.

Eines Tages verliebten sich eine Maus und ein Karpfen ineinander. Der

große Fisch wollte, dass die kleine Maus in seinen Teich zieht. Die Maus

wollte nicht im Wasser leben. Zu viele Jahre war sie schon an Land

glücklich. Die Maus bat den Karpfen zu ihr aufs Land zu ziehen. Doch er

wollte nicht, da er am Ufer nicht überleben konnte. So ging es noch eine

Weile hin und her und bald begannen die zwei Tiere heftig zu streiten.

Am Schluss waren sie enttäuscht voneinander und gingen getrennte Wege.

_____

49

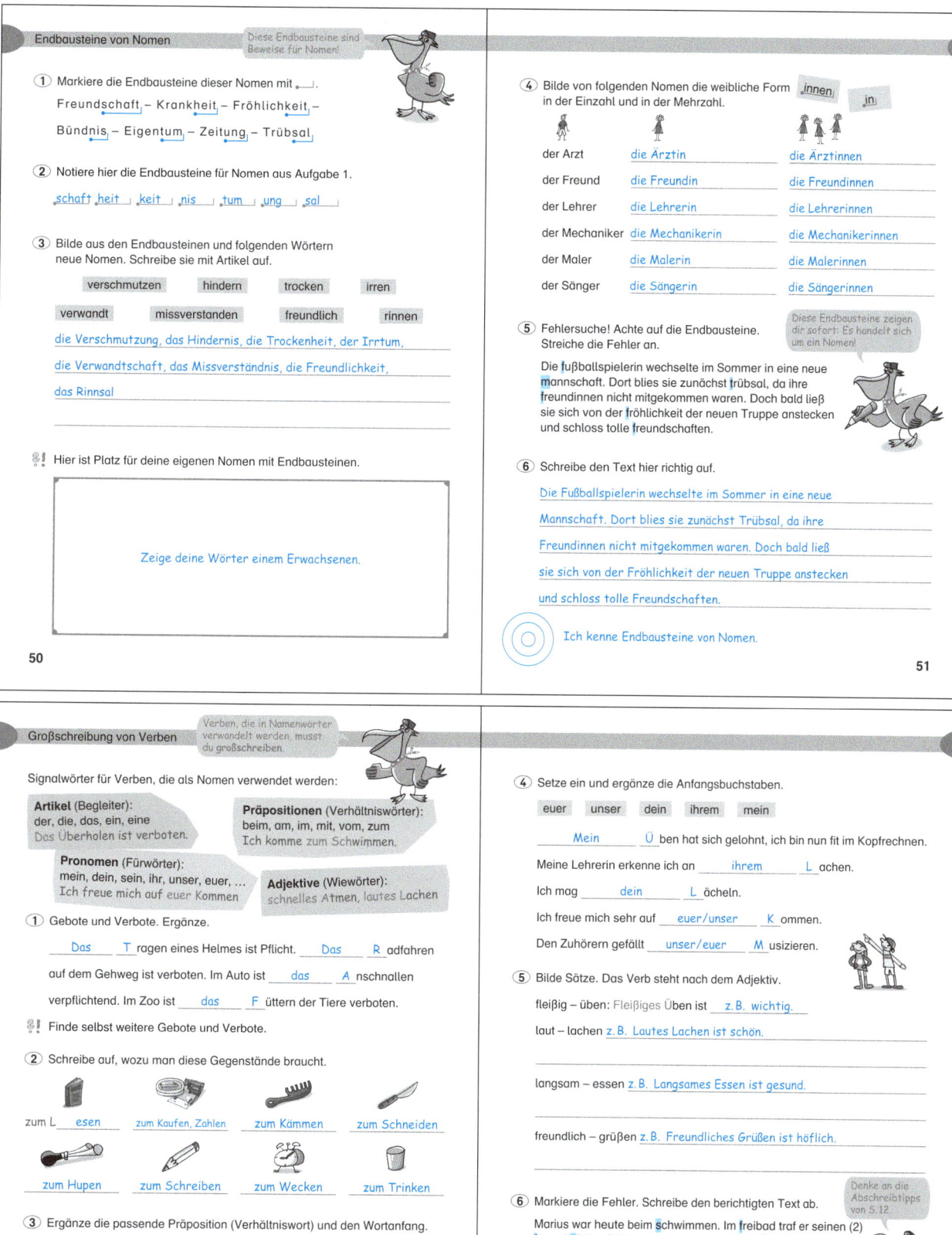

## Endbausteine von Nomen

*Diese Endbausteine sind Beweise für Nomen!*

① Markiere die Endbausteine dieser Nomen mit ⌣.

Freundschaft – Krankheit – Fröhlichkeit –

Bündnis – Eigentum – Zeitung – Trübsal

② Notiere hier die Endbausteine für Nomen aus Aufgabe 1.

schaft   heit   keit   nis   tum   ung   sal

③ Bilde aus den Endbausteinen und folgenden Wörtern neue Nomen. Schreibe sie mit Artikel auf.

| verschmutzen | hindern | trocken | irren |
| verwandt | missverstanden | freundlich | rinnen |

die Verschmutzung, das Hindernis, die Trockenheit, der Irrtum,

die Verwandtschaft, das Missverständnis, die Freundlichkeit,

das Rinnsal

☺! Hier ist Platz für deine eigenen Nomen mit Endbausteinen.

Zeige deine Wörter einem Erwachsenen.

50

④ Bilde von folgenden Nomen die weibliche Form in der Einzahl und in der Mehrzahl.

innen   in

| der Arzt | die Ärztin | die Ärztinnen |
| der Freund | die Freundin | die Freundinnen |
| der Lehrer | die Lehrerin | die Lehrerinnen |
| der Mechaniker | die Mechanikerin | die Mechanikerinnen |
| der Maler | die Malerin | die Malerinnen |
| der Sänger | die Sängerin | die Sängerinnen |

⑤ Fehlersuche! Achte auf die Endbausteine. Streiche die Fehler an.

*Diese Endbausteine zeigen dir sofort: Es handelt sich um ein Nomen!*

Die fußballspielerin wechselte im Sommer in eine neue mannschaft. Dort blies sie zunächst trübsal, da ihre freundinnen nicht mitgekommen waren. Doch bald ließ sie sich von der fröhlichkeit der neuen Truppe anstecken und schloss tolle freundschaften.

⑥ Schreibe den Text hier richtig auf.

Die Fußballspielerin wechselte im Sommer in eine neue

Mannschaft. Dort blies sie zunächst Trübsal, da ihre

Freundinnen nicht mitgekommen waren. Doch bald ließ

sie sich von der Fröhlichkeit der neuen Truppe anstecken

und schloss tolle Freundschaften.

◎ Ich kenne Endbausteine von Nomen.

51

## Großschreibung von Verben

*Verben, die in Namenwörter verwandelt werden, musst du großschreiben.*

Signalwörter für Verben, die als Nomen verwendet werden:

**Artikel** (Begleiter):
der, die, das, ein, eine
Das Überholen ist verboten.

**Präpositionen** (Verhältniswörter):
beim, am, im, mit, vom, zum
Ich komme zum Schwimmen.

**Pronomen** (Fürwörter):
mein, dein, sein, ihr, unser, euer, …
Ich freue mich auf euer Kommen

**Adjektive** (Wiewörter):
schnelles Atmen, lautes Lachen

① Gebote und Verbote. Ergänze.

Das T ragen eines Helmes ist Pflicht. Das R adfahren

auf dem Gehweg ist verboten. Im Auto ist das A nschnallen

verpflichtend. Im Zoo ist das F üttern der Tiere verboten.

☺! Finde selbst weitere Gebote und Verbote.

② Schreibe auf, wozu man diese Gegenstände braucht.

zum L esen   zum Kaufen, Zahlen   zum Kämmen   zum Schneiden

zum Hupen   zum Schreiben   zum Wecken   zum Trinken

③ Ergänze die passende Präposition (Verhältniswort) und den Wortanfang.

Erhan ist im Sch wimmen sehr gut.

Unseren Hund erkenne ich am B ellen.

Anna verbringt ihre Zeit am liebsten mit/beim L esen.

Sandra ist vom J oggen noch ganz geschafft.

52

④ Setze ein und ergänze die Anfangsbuchstaben.

euer   unser   dein   ihrem   mein

Mein Ü ben hat sich gelohnt, ich bin nun fit im Kopfrechnen.

Meine Lehrerin erkenne ich an ihrem L achen.

Ich mag dein L ächeln.

Ich freue mich sehr auf euer/unser K ommen.

Den Zuhörern gefällt unser/euer M usizieren.

⑤ Bilde Sätze. Das Verb steht nach dem Adjektiv.

fleißig – üben: Fleißiges Üben ist z.B. wichtig.

laut – lachen z.B. Lautes Lachen ist schön.

langsam – essen z.B. Langsames Essen ist gesund.

freundlich – grüßen z.B. Freundliches Grüßen ist höflich.

⑥ Markiere die Fehler. Schreibe den berichtigten Text ab.

*Denke an die Abschreibtipps von S. 12.*

Marius war heute beim schwimmen. Im freibad traf er seinen (2)
freund niklas. Beiden war es vom schnellen rutschen schon (3)
ganz schwindlig. Als sie noch ins wasser springen wollten, (1)
hörten sie plötzlich das keuchen des bademeisters. Er sagte: (2)
„Das springen vom beckenrand ist streng verboten!" (2)

Zeige deinen abgeschriebenen Text einem Erwachsenen.

◎ Ich weiß, wann man Verben groß schreibt.

53

Fußball, passieren, Gewitter, ehrlich, schließlich, bevor, Höhle, davon, schrecklich, ein bisschen, spazieren, trotzdem, weiß, leer, Weihnachten, nämlich, gefährlich, außerdem, Quelle, hoffentlich, draußen, müssen, Blitz, interessant, Moor, spannend, Fahrrad, Verkehr, fehlen, Vorfahrt

① Ordne die Wörter und markiere die Knackstellen.

| Wörter mit Knackstellen zum Merken | Wörter mit Knackstellen zum Nachdenken |
|---|---|
| Fußball | Fußball, Fahrrad |
| ehrlich | passieren, Verkehr |
| schließlich | Gewitter, Vorfahrt |
| bevor | schrecklich |
| Höhle | ein bisschen |
| davon | spazieren |
| weiß | trotzdem |
| leer | nämlich |
| Weihnachten | gefährlich |
| gefährlich | Quelle |
| außerdem | hoffentlich |
| draußen | müssen |
| Moor | Blitz |
| Fahrrad | interessant |
| Vorfahrt | spannend |

54

---

② Ordne die besonders schwierigen Wörter genauer.

Hilfe(n)

| | | |
|---|---|---|
| Doppel-konsonant | b | passieren, Gewitter, ein bisschen, Quelle, hoffentlich, interessant, spannend, Fahrrad, schrecklich, trotzdem, Blitz |
| h | c | ehrlich, Höhle, Weihnachten, gefährlich, Fahrrad, Verkehr, fehlen, Vorfahrt |
| Ver/ver, Vor/vor | g | bevor, Verkehr, Vorfahrt |
| ä – a | f h | nämlich, gefährlich |
| v | a c | bevor, davon |
| ß | a e | Fußball, schließlich, weiß, draußen |
| aa/oo/ee | a e | leer, Moor |
| Sp/sp | e | spazieren, spannend |

③ Ordne den Knackstellen mögliche Hilfen zu.

a | Wort mehrmals schreiben. Knackstelle hervorheben und merken.
b | Auf den kurzen ⬤ Selbstlaut achten.
c | Auf den langen ▭ Selbstlaut achten.
d | An die Beweise für Wortarten denken.
e | Wörter mit der gleichen Knackstelle aufschreiben.
f | Wortverwandte aufschreiben
g | Auf Anfangsbausteine achten.
h | Wort verlängern und trennen

55

---

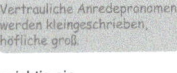

① Trage die Anredepronomen richtig ein.
Achte auf die Groß- und Kleinschreibung.

DU   IHR   SIE   DIR   EUCH   IHNEN
DEIN/DEINE   EUER/EURE   IHR/IHRE

| Vertrauliche Anredepronomen | Höfliche Anredepronomen |
|---|---|
| du, ihr, dir, euch, dein/deine, euer/eure | Sie, Ihnen, Ihr/Ihre |

② Ergänze den Brieftext.

Liebe Anna,

wie geht es _dir_? Ich hoffe, _du_ bist wohlauf. Mir geht es hier

im Urlaub sehr gut. Hast _du_ Ostereier im Garten gesucht?

Für mich waren welche am Strand versteckt.

Wenn ich wieder zu Hause bin, habe ich _dir_ viel zu erzählen.

_Dein_ Lukas

③ Schreibe den Brief an Annas Mutter. Verwende die höfliche Anrede.

Liebe Frau Schmidt,

Wie geht es Ihnen? Ich hoffe, Sie sind wohlauf. Mir geht es hier
im Urlaub sehr gut. Haben Sie Ostereier im Garten gesucht?
Für mich waren welche am Strand versteckt. Wenn ich wieder
zu Hause bin, habe ich Ihnen viel zu erzählen. Ihr Lukas

56

---

① Verbinde richtig.

Mateja holt ihr Kickboard aus der Garage.
Holt Mateja ihr Kickboard aus der Garage?
Mateja, hol dein Kickboard aus der Garage!

Aufforderung, Befehl, Ausruf
Aussage, Feststellung
Frage

② Bilde Sätze mit diesen Wörtern. Achte auf die Satzzeichen.

Peter   Keller   Fahrrad   reparieren

Peter repariert sein Fahrrad im Keller .
Repariert Peter sein Fahrrad im Keller ?
Peter, repariere dein Fahrrad im Keller !

Lena   Bushaltestelle   Anna   warten

Lena wartet an der Bushaltestelle auf Anna .
Wartet Lena an der Bushaltestelle auf Anna ?
Lena, warte an der Bushaltestelle auf Anna !

③ Setze die richtigen Satzschlusszeichen ein.
Lies die Sätze laut und betone sie richtig.

Kann ich heute Abend mit meinem Freund ins Kino gehen ?
Nein, wir bekommen heute Abend Besuch .
Ist es jemand, den ich kenne ?
Das glaube ich nicht .
Weshalb muss ich dann zu Hause bleiben ?
Schluss, jetzt ! Es geht einfach nicht .

57

*Ein Komma setzt man zwischen Wörter oder Wortgruppen, die aufgezählt werden.*

① Was fressen diese Tiere?

Karpfen  Sardinen
Krebstiere
Barsche

Rinde  Blätter
Knospen
Gräser  Zweige

Blätter
Nüsse
Pilze  Früchte
Insekten  Spinnen

Pelikane fressen Karpfen,

Pelikane fressen Karpfen, Barsche, Sardinen und Krebstiere.

Hirsche fressen Gräser, Rinde, Zweige, Blätter und Knospen.

Affen fressen Früchte, Nüsse, Insekten, Spinnen, Pilze und Blätter.

_____

_____

_____

✎! Schreibe einen Satz zu einem Tier deiner Wahl. Zähle auf, was es frisst.

Zeige deinen Satz einem Erwachsenen.

_____

② Setze die fehlenden Kommas farbig in den Text ein.

Paul fährt mit dem Fahrrad zum Einkaufen. Plötzlich verfolgt ihn ein Hund, der ihn anwinselt, an ihm hochspringt, ihn beschnüffelt und schnell wegrennt. Nach dem Einkauf verlässt Paul den Laden, in dem er einen Liter Milch, vier Orangen, ein Päckchen Spaghetti, eine Dose Tomatensoße, etwas Käse, vier Würstchen und eine Zeitung gekauft hat. Da steht der Hund wieder vor ihm, winselt, wedelt mit dem Schwanz und schaut ganz traurig. Paul hat Mitleid und schenkt ihm ein Würstchen.

---

*Du kannst Sätze mit Kommas verbinden.*

③ Verbinde die Sätze durch Kommas.

Wir gehen zu Fuß nach Hause. Der Bus ist schon lange weg.

Wir gehen zu Fuß nach Hause, der Bus ist schon lange weg.

_____

Mein Bruder fährt in die Berge. Er möchte mit seinen Freunden Ski fahren.

 Mein Bruder fährt in die Berge, er möchte mit seinen Freunden Ski fahren.

Ich möchte keinen Erdbeerkuchen. Ich esse lieber ein Erdbeereis mit Sahne.

Ich möchte keinen Erdbeerkuchen, ich esse lieber

ein Erdbeereis mit Sahne.

④ Verbinde diese Sätze mit *Kommas* und dem Bindewort *und*.

Lisa putzt die Tafel. Jessica leert die Papiertonne aus. Oliver gießt die Blumen. Annika sammelt die Hefte ein. Die Lehrerin wartet, bis alle fertig sind.

Lisa putzt die Tafel, Jessica leert die Papiertonne aus,

Oliver gießt die Blumen, Annika sammelt die Hefte ein und

die Lehrerin wartet, bis alle fertig sind.

✎! Schreibe einen eigenen Riesensatz.

Zeige deinen Satz einem Erwachsenen.

_____

---

*Das schreibt man mit einem s, wenn man es durch dieses oder welches ersetzen kann.*

① Verbinde die Sätze durch das Wort *das* und schreibe sie auf.

Wir besuchen ein Kunstmuseum,          aus bunter Seide ist.
Das Orchester spielt ein Lied,      das      Papa verlegt hat.
Susanne hat sich ein Kleid gekauft,      wundervoll klingt.
Alle suchen das Buch,          sehr bekannt ist.

Wir besuchen ein Kunstmuseum, das sehr bekannt ist.

Das Orchester spielt ein Lied, das wundervoll klingt.

Susanne hat sich ein Kleid gekauft, das aus bunter Seide ist.

Alle suchen das Buch, das Papa verlegt hat.

② Markiere in Aufgabe 1, auf welches Wort sich `das` im vorausgegangenen Satz bezieht.

Beispiel: Regina malt ein Bild, das sehr farbenfroh ist.

③ Verbinde die Sätze durch das Wort *dass*.

 Anna ärgert sich, (Der Computer ist kaputt.)

Anna ärgert sich, dass der Computer kaputt ist.

Wir sind sicher, (Wir gewinnen das Turnier.)

Wir sind sicher, dass wir das Turnier gewinnen.

Leon hat gesehen, (Luisa war zuerst im Ziel.)

Leon hat gesehen, dass Luisa zuerst im Ziel war.

Tim hat vermutet, (Tina wird gewinnen.)

Tim hat vermutet, dass Tina gewinnen wird.

*Dass kann nicht durch dieses oder welches ersetzt werden. Vor dass steht immer ein Komma.*

---

④ Sätze bilden mit *dass*:
Schreibe Sätze mit *wissen, glauben, wollen, sagen* und dem Wort *dass*.
Achte auf das Komma vor dem *dass*.
Unterstreiche das Verb im vorderen Satzteil.

Zeige deine Sätze einem Erwachsenen.

_____

_____

_____

_____

⑤ Satzpaare: *das* oder *dass*?

Das ist ein schwieriges Wort, __das__ ich nicht lesen kann.

Keiner soll wissen, __dass__ ich nicht lesen kann.

---

Ich ärgere mich, __dass__ ich verloren habe.

Monopoly heißt das Spiel, __das__ ich verloren habe.

---

Manuel spürt genau, __das__ ist erfunden.

Manuel spürt genau, __dass__ es erfunden ist.

⑥ Zeichne in die das-Sätze Pfeile wie bei Aufgabe 2, S. 60 ein.
Markiere in den dass-Sätzen „dass" farbig.

Der vorangestellte Begleitsatz endet mit einem Doppelpunkt.

**①** Verbinde die Begleitsätze mit den passenden Redeteilen.

Pascal erkundigt sich
Anna fragt ihren Vater
Toni schimpft verärgert
Svenja freut sich
Paul ekelt sich

Lass mich bloß in Ruhe!
Das riecht ja fürchterlich!
War die Englischarbeit schwer?
Wie geht es Oma?
Ich habe eine Eins in Mathe.

**②** Schreibe die Sätze mit den richtigen Satzzeichen auf.

Pascal erkundigt sich: „War die Englischarbeit schwer?"

Anna fragt ihren Vater: „Wie geht es Oma?"

Toni schimpft verärgert: „Lass mich bloß in Ruhe!"

Svenja freut sich: „Ich habe eine Eins in Mathe."

Paul ekelt sich: „Das riecht ja fürchterlich!"

**③** Schreibe die Sätze von Aufgabe 1 nun mit nachgestelltem Begleitsatz auf.

„War die Englischarbeit schwer?", erkundigt sich Pascal.

„Wie geht es Oma?", fragt Anna ihren Vater.

„Lass mich bloß in Ruhe!", schimpft Toni verärgert.

„Ich habe eine Eins in Mathe.", freut sich Svenja.

„Das riecht ja fürchterlich!", ekelt sich Paul.

Achtung: Zwischen dem Redeteil und dem Begleitsatz steht immer ein Komma.

62

Denk daran: Das erste Wort im Redeteil wird großgeschrieben.

**④** Schreibe die Sätze mit den richtigen Satzzeichen auf.

Nicole ruft Luca mitleidig zu das tut mir aber leid /
Sven fragt nach was denn / Nicole meint sein Meerschweinchen
muss heute zum Tierarzt.

Nicole ruft Luca mitleidig zu: „Das tut mir aber leid! (.)"

Sven fragt nach: „Was denn?"

Nicole meint: „Sein Meerschweinchen muss heute zum Tierarzt."

_____

**⑤** Ordne die Sätze den unterschiedlichen Satzmustern zu.

PETRA FRAGT KANN ICH MORGEN DEIN FAHRRAD AUSLEIHEN  (a)

LASS UNS HEUTE INS HALLENBAD GEHEN RUFT LUKAS  (b)

WANN KOMMST DU HEUTE NACH HAUSE WILL ANKE WISSEN  (c)

SEBASTIAN MEINT HEUTE ABEND MUSS ICH NOCH TRAINIEREN  (d)

SIEH MAL ULI, ICH HABE NEUE INLINESKATER MEINT ELLEN  (e)

(a)  ___: „___?"          (d)  ___: „___."

(c)  „___?", ___.          (b)  „___!", ___.

(e)  „___", ___.

**⑥** Schreibe die Sätze mit den richtigen Satzzeichen auf.
Achte auf die Satzzeichen und die Groß- und Kleinschreibung.
Zeige deine Sätze einem Erwachsenen.

**?!** Erfinde eigene Sätze und zeichne Satzmuster zu deinen eigenen Sätzen.
Zeige deine Sätze einem Erwachsenen.

63

## Die Brüder Grimm

Du kennst die Gebrüder Grimm als Märchensammler.
Anfang des 19. Jahrhunderts haben sie Märchen aufgeschrieben.
Bis heute lassen sich Kinder in aller Welt diese Geschichten vorlesen.
Was wenige wissen: Die Brüder Grimm haben eines der wichtigsten
Wörterbücher für die deutsche Sprache herausgegeben.
Ehe es gedruckt wurde, war sich Jacob Grimm (der jüngere Bruder)
nicht sicher, in welcher Rechtschreibung es erscheinen sollte.
Hätte er sich durchgesetzt, dann würde das Frühlingslied

„Komm lieber Mai und mache ..."

vielleicht heute so als richtig gelten:

Komm liber mei und mache
di bäume wider grün

Das Wörterbuch wurde dann doch
in der gewohnten Schreibweise gedruckt.

## DUDEN

Kennst du den DUDEN, das bedeutendste und bekannteste
Wörterbuch der deutschen Rechtschreibung?
Weißt du, woher der DUDEN seinen Namen hat?
Er wurde nach seinem „Erfinder", dem Gymnasiallehrer
Konrad Duden benannt.
Konrad Duden hat vor ungefähr 110 Jahren ein Wörterbuch
herausgegeben, das die Rechtschreibung im deutschsprachigen
Raum (Deutschland, Österreich, Schweiz) einheitlich regelte.
Er hat unsere Rechtschreibung von
vielen Schwierigkeiten befreit. Konrad Duden verdanken wir,
dass wir heute nicht mehr

Thier, Thränen, Muth oder Waldt

schreiben müssen.

64

So kannst du
Merkwörter üben.

Schreibe deine Merkwörter auf ein Plakat.
Schreibe sie bunt, ganz groß und
besonders ordentlich. Hänge dein Plakat
an einer Stelle auf, wo du es oft siehst.

Markiere die Merkstellen immer
besonders: durch Einkreisen,
mit Leuchtfarben …

Suche dir einen Partner,
der dir deine Merkwörter diktiert.

Kannst du zusammengesetzte Wörter mit
deinen Merkwörtern bilden?

Schreibe Wörter aus der Wortfamilie des Merkwortes
auf, z. B. viel, vielleicht, viele, Vielerlei …

Denke dir Sätze oder Unsinnsätze
mit den Merkwörtern aus.

Sortiere deine Merkwörter nach dem ABC.

Richtig viel schreiben hilft. Schreibe eine ganze
Zeile deines Merkwortes. Oder zehn Zeilen.
Oder eine ganze Seite. Oder gestalte eine Seite
zu deinem Merkwort am Computer.

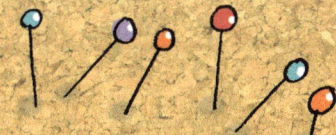

Ordne die Merkwörter in Nomen,
Verben und Adjektive.

Das Dehnungs-h
kommt nur nach einem
langgesprochenen Vokal.

**1** Ordne diese Wörter. Markiere den Vokal und h.

ahnen, der Sohn, gewöhnen, führen, die Bohne, kühl, wohnen,
nehmen, der Draht, rühren, sehr, die Zahl, wahr, zehn, Ohr,
der Zahn, das Mehl, lahm, das Huhn, kehren, befehlen, fahren,
fehlen, die Gefahr, die Höhle, der Stuhl, mehr, die Uhr,
ungefähr, während, wahr, wohl, rühren, die Fahne, wühlen,
der Lehrer, das Gefühl, hohl, roh, stehlen, wehren, wählen

Wörter mit ah/äh _____

_____

_____

Wörter mit oh/öh _____

_____

_____

Wörter mit uh/üh _____

_____

_____

Wörter mit eh _____

_____

_____

Miniwörter mit h –
unbedingt merken:
**ihr ihm ihn**

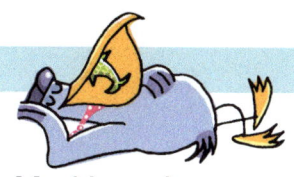

Denke an die Tipps
zum Einprägen von
Merkwörtern auf S. 33.

**2** Finde passende Reimwörter mit der gleichen Merkstelle. Markiere den
Vokal und h.

| der Lohn | der Kahn | die Sahne |
|---|---|---|
| _____ | _____ | _____ |
| der Pfahl | rühren | wehren |
| _____ | _____ | _____ |
| wühlen | hohl | mehr |
| _____ | _____ | _____ |

**3** Suche zu diesen Wortstämmen verwandte Wörter. Markiere den Wortstamm.

Zahl / zahl _____

_____

Nehm / nehm _____

_____

Fahr / fahr _____

_____

**4** Bilde zusammengesetzte Nomen.

ARZT     WURZEL     WEH     FLEISCH     PFLEGE

ZAHN

LÜCKE     BÜRSTE     SCHMELZ     SPANGE     CREME

_____

_____

korrigiert: ☆

35

Bei Merkwörtern gibt es keinen Trick. Ich muss mir die Schreibweise merken.

**1** Suchsel. Finde die 17 Wörter mit V v.

| F | J | O | I | N | L | O | B | O | V | F | Z | Y | Z | V | K | U | Z | G | E |
|---|---|---|---|---|---|---|---|---|---|---|---|---|---|---|---|---|---|---|---|
| S | A | I | V | S | C | C | H | K | O | A | I | H | V | I | J | K | V | K | S |
| R | K | Y | I | Q | N | F | P | T | L | X | N | H | R | X | H | J | A | H | Z |
| T | P | P | D | G | N | U | W | C | O | A | V | I | K | B | L | S | M | K | Y |
| Z | V | I | E | R | Z | I | G | P | K | N | A | L | L | P | C | E | H | A | D |
| K | O | O | O | U | B | K | B | L | I | P | S | A | N | L | P | I | X | U | O |
| L | T | E | B | G | T | V | U | Y | I | R | E | V | U | A | E | U | M | F | P |
| X | Y | Q | A | R | Z | V | E | A | Y | B | V | A | H | P | V | V | B | B | O |
| I | K | N | T | L | I | B | K | R | O | T | I | I | P | Q | U | I | K | U | S |
| S | T | E | U | B | K | V | G | Y | B | V | T | F | E | E | G | Y | R | G | G |
| S | R | U | A | T | I | O | V | S | X | F | A | J | O | R | J | F | P | U | Q |
| D | B | Q | V | D | Q | L | N | L | E | M | M | Z | U | J | E | M | O | R | S |
| A | Q | X | I | D | V | L | L | S | U | J | I | K | T | L | S | C | N | E | H |
| C | Z | H | Q | H | W | E | I | U | E | E | N | V | O | K | A | L | K | H | B |
| M | L | P | K | A | I | D | N | I | T | R | E | Q | Z | V | O | P | E | I | X |
| I | P | L | P | T | S | R | T | T | G | O | V | N | O | H | K | J | Z | N | G |
| P | O | M | A | J | D | R | V | I | E | R | T | E | L | D | F | J | C | Q | S |
| V | L | K | I | S | F | V | I | O | L | I | N | E | B | X | B | L | T | T | V |
| F | M | W | V | K | V | A | M | P | I | R | M | J | G | U | O | N | Q | C | S |
| G | B | H | Y | I | Q | J | J | I | F | F | L | Q | G | R | P | P | C | B | D |

**2** Trage die Wörter nach ihrer Aussprache geordnet hier ein.
Achte auf die Groß- und Kleinschreibung.

V v gesprochen wie f

viereckig, _____

_____

_____

_____

V v gesprochen wie w

Vampir, _____

_____

_____

_____

korrigiert:

Merkwörter mit ä haben
keinen Wortverwandten mit a.

**1** Markiere das ä in diesen Wörtern rot.

| | | |
|---|---|---|
| der Käfer | | |
| der Käse | | |
| spät | | |
| während | | |
| die Säge | | |
| der Käfig | | |
| der März | | |
| der Lärm | | |
| die Träne | | |
| der Bär | | |
| das Mädchen | | |
| mähen | | |

**2** Schreibe die Wörter einmal in die zweite Spalte ab.
Kontrolliere Buchstabe für Buchstabe.

**3** Merke dir jeweils ein Wort, decke es ab
und schreibe es in der dritten Spalte auswendig auf.
Kontrolliere dann Buchstabe für Buchstabe.

**4** Finde jeweils drei Wörter aus der Wortfamilie dazu.

die Säge: _____

mähen: _____

spät: _____

der Lärm: _____

korrigiert:

37

Obwohl du das **i** lang sprichst, darfst du bei diesen Wörtern kein **ie** schreiben.

**1** Setze zu Wörtern zusammen und schreibe auf.
Markiere das lang gesprochene i immer rot.

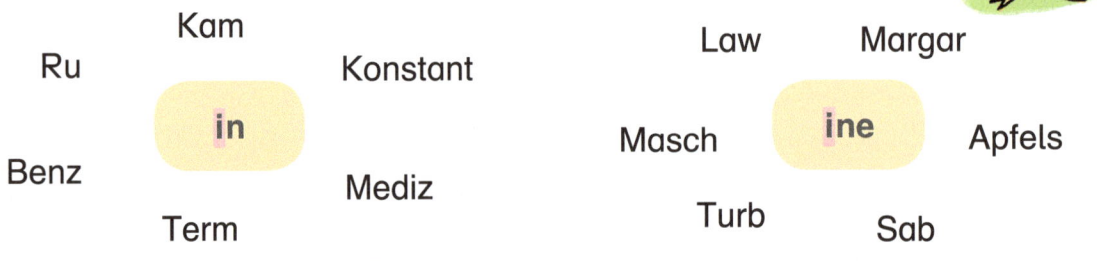

Kam
Ru
Konstant
**in**
Benz
Mediz
Term

Law    Margar
Masch    **ine**    Apfels
Turb
Sab

_____

_____

_____

**2** Löse die Rätsel.

a) Ein Tier, das starke Zähne hat und damit Bäume annagt:

_____

b) Eine Größeneinheit für 1000 g: _____

c) Ein Gebäude, in dem man sich Filme angucken kann: _____

d) Der längste Fluss Afrikas: _____

e) Das heilige Buch der Christen: _____

f) Ein stark gefährdetes Raubtier mit schwarzen Streifen: _____

**3** Markiere in Aufgabe 2 das lange i jeweils rot.

# Merkwörter mit Doppelvokal

> Die Vokale a, e und o kommen in seltenen Fällen doppelt vor.

**1** Schlage diese Wörter im Wörterbuch nach und schreibe sie eine Zeile lang. Markiere die Doppelvokale rot.

_____

_____

_____

_____

_____

_____

_____

_____

**2** Baue mit den Wörtern aus Aufgabe 1 zusammengesetzte Nomen.

der _____ mann – die _____ flocke

die _____ marmelade – der _____ kuchen

das Ruder _____ – das Gummi _____

die _____ bürste – das Hunde _____

die Wasser _____ – die Küchen _____

die _____ tasse – die _____ kanne

der Zitter _____ – der Räucher _____

das Mittel _____ – die _____ jungfrau

korrigiert: ☆

ß kommt nur nach einem langgesprochenen Vokal.

**1** Schreibe diese Wörter nach dem ABC geordnet auf.
Markiere das ß immer rot.

Fuß – schießen – draußen – weiß – außen – Gruß –
fleißig – heißen – bloß – Spaß – stoßen – dreißig

_____

_____

_____

**2** In die Lücken passen Wörter aus Aufgabe 1. Du musst sie
aber ein wenig ändern (Wortverwandte!), damit es richtig wird.

Die rote Bluse ist schöner als die _____ Bluse.

Ich brauche Socken, weil meine _____ kalt sind.

Ohne _____ kein Preis!

Der Indianer _____ mit Pfeil und Bogen.

Ich soll dich schön von Oma _____ .

Der Clown bringt alle zum Lachen. Er ist richtig _____ .

**3** Achtung! Hier ist der kurze ⬤ bzw. lange ▭ Vokal
wichtiger als die Wortverwandtschaft.

| Grund-form | Präsens (Gegenwart) | | Präteritum (1. Vergangenheit) | |
|---|---|---|---|---|
| essen | sie | wir | sie | wir |
| wissen | ich | du | ich | du |
| fließen | es | wir | es | wir |
| beißen | ich | wir | ich | wir |

korrigiert:

40

Fremdwörter stammen aus anderen Sprachen. Daher werden sie meistens anders geschrieben als gesprochen.

**1** Verbinde jedes Fremdwort mit der passenden Erklärung.

| | |
|---|---|
| anonym | durch inneren Druck platzen |
| positiv | namenlos, ohne Absender |
| Premiere | schön, gut; zustimmend |
| cash | Kerl; Mensch mit einem bestimmten Wesen; Art |
| explodieren | gegen Barzahlung, bar |
| Typ | Begleiter einer Sportmannschaft |
| Trainer | Erstaufführung, etwas geschieht zum ersten Mal |

**2** Markiere in den Fremdwörtern aus Aufgabe 1 die schwierigen Stellen rot.

**3** Schreibe hier jedes Fremdwort eine Zeile lang.
Verwende verschiedene Farben.

_____

_____

_____

_____

_____

_____

korrigiert:

41

**1** Zeichne unter die Wörter Silbenbögen und sprich die Silben deutlich.
〰 Kreise die Wörter, bei denen du das h hören kannst, grün ein.

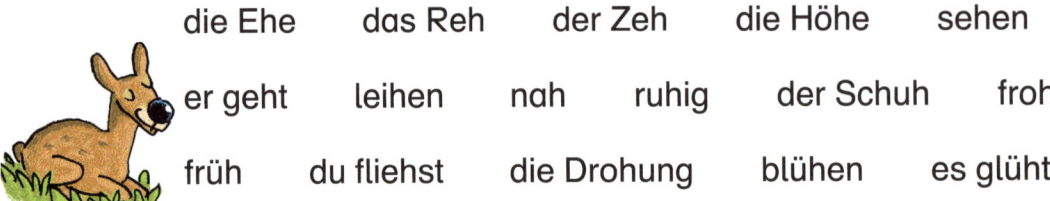

die Ehe     das Reh     der Zeh     die Höhe     sehen

er geht     leihen     nah     ruhig     der Schuh     froh

früh     du fliehst     die Drohung     blühen     es glüht

**2** Wenn du das h gut hören kannst,

steph es zwischen zwei _____.

**3** Die anderen Wörter kannst du verlängern, um das h hörbar zu
machen. Zeichne auch hier Silbenbögen ein.

das Reh _____ 〰➔ die Re he _____

_____ 〰➔ _____

_____ 〰➔ _____

_____ 〰➔ _____

_____ 〰➔ _____

_____ 〰➔ _____

_____ 〰➔ _____

_____ 〰➔ _____

_____ 〰➔ _____

Beim Trennen kommt das h immer
in die nächste Silbe. Daher heißt
es auch **silbentrennendes h.**

Das h bleibt
in der Wortfamilie!

**4** Ergänze die Tabelle.

| Grundform | ich-Form | du-Form | er/sie/es-Form |
|---|---|---|---|
| drohen | | | |
| flehen | | | |
| verzeihen | | | |
| fliehen | | | |
| sehen | | | |
| drehen | | | |
| leihen | | | |
| glühen | | | |
| ruhen | | | |

**5** Schreibe hier alle Verben aus Aufgabe 4
in der er-Form im Präteritum (1. Vergangenheit).

_____

_____

_____

**6** Bilde zusammengesetzte Wörter.
Achtung: Du musst die Wörter leicht verändern!

früher    drehen    sehen    glühen    leihen

das Kreuz    die Birne    das Stück    der Wagen    die Stärke

_____

_____

korrigiert:

Knackstellen sind schwierige Stellen im Wort. Du kannst sie erklären oder musst sie dir merken.

Zeichen für Wörterforscher

| Anfangsbaustein | Wortstamm | Endbaustein |
|---|---|---|
| Pufferbuchstabe | Wortverwandte | Knackstelle(n) |

① Ergänze die Forscherblätter

| abschließen | |
|---|---|
| | ab schließ en |
| | schließen, einschließen |
| ! | abschließen |
| ! | ☐ erklären  ☐ merken |

| herrlich | |
|---|---|
| | |
| | |
| ! | |
| ! | ☐ erklären  ☐ merken |

| die Bohrmaschine | |
|---|---|
| | |
| | |
| ! | |
| ! | ☐ erklären  ☐ merken |

| die Eintrittskarte | |
|---|---|
| | |
| | |
| ! | |
| ! | ☐ erklären  ☐ merken |

② Erkläre deine Knackstellen.

**(3)** Schwierige Forscherblätter

| die Freiheitsstatue | |
|---|---|
| ⌐⌐⌐ | |
| 👨‍👩‍👧 | |
| ! | |
| ! | ☐ erklären  ☐ merken |

| anvertrauen | |
|---|---|
| ⌐⌐⌐ | |
| 👨‍👩‍👧 | |
| ! | |
| ! | ☐ erklären  ☐ merken |

| die Landwirtschaft | |
|---|---|
| ⌐⌐⌐ | |
| 👨‍👩‍👧 | |
| ! | |
| ! | ☐ erklären  ☐ merken |

| rücksichtslos | |
|---|---|
| ⌐⌐⌐ | |
| 👨‍👩‍👧 | |
| ! | |
| ! | ☐ erklären  ☐ merken |

**(4)** Forscherrätsel. Finde eigene Wörter.
**?!** Markiere die Bausteine und Knackstellen.

Wort mit Anfangsbaustein, Wortstamm und Endbaustein: _____

Nomen mit zwei Wortstämmen und Pufferbuchstaben: _____

Adjektiv mit zwei Wortstämmen: _____

Wort mit drei Wortstämmen: _____

korrigiert: ☆

**45**

Erinnere dich: Manche Wörter haben Knackstellen.

Dehnungs – h

ß

Doppelkonsonanten

aa/oo/ee

b/d/g am Wortende

langes i (kein ie)

Großschreibung

ck/tz

Wortverwandte: ä und äu-Wörter

V/v

**1** Beschrifte die Plakate mit den Knackstellen.

| Knackstellen zum Nachdenken | Knackstellen zum Merken |
|---|---|
| | |

**2** Fehler und Hilfen. Verbinde.

Fehler: F/f statt V/v

Fehler: p/t/k statt b/d/g am Wortende

Fehler: Dehnungs – h, ß, aa, oo, ee nicht geschrieben

Fehler: Großschreibung nicht beachtet

Fehler: Doppelkonsonanten oder ck/tz nicht geschrieben

Fehler: e und eu statt ä und äu

Wort mehrmals schreiben. Knackstelle hervorheben und merken.

Auf den kurzen  Selbstlaut achten.

An die Beweise für Wortarten denken.

Auf den langen  Selbstlaut achten.

Wortverwandte aufschreiben.

Wort verlängern und trennen.

Wörter mit der gleichen Knackstelle aufschreiben.

korrigiert:

46

**1** Markiere die Fehler. Erkläre sie und berichtige sinnvoll.

| Fehler | Erklärung | Hilfe(n) |
|---|---|---|
| Fusball | ß, weil langer ▬▬ Selbstlaut | ✎  👪  🔍 |

der Fußball, der Fußball, der Fußball, der Fuß – _____

die Füße, das Fußballspiel, der Gruß – die Grüße _____

| Fehler | Erklärung | Hilfe(n) |
|---|---|---|
| samelt | | |

_____

_____

| Fehler | Erklärung | Hilfe(n) |
|---|---|---|
| Helt | | |

_____

_____

| Fehler | Erklärung | Hilfe(n) |
|---|---|---|
| | | |

_____

_____

So kannst du auch deine
Fehlerwörter berichtigen.

korrigiert: ☆

47

Ob ein Wort ein Nomen ist, kannst du an verschiedenen Signalen erkennen.

Erinnere dich: Signale für Nomen

Nomen sind Wörter für Lebewesen und Dinge, aber auch für vieles, was man nicht sehen, hören, riechen … kann.
die Katze, der Baum, das Glück, der Traum

Nomen haben Artikel:
der, die, das, ein, eine

Nomen können in der Einzahl und in der Mehrzahl stehen
ein Haus – viele Häuser

① Ordne die Nomen. Schreibe sie mit einem Artikel auf.

Schaukel  Furcht  Geduld  Landkarte  Turnschuh  Erfolg  Trauer  Glück
Kaugummi  Person  Traum  Hecke  Planet  Problem  Hund  Liebe

| | |
|---|---|
| Nomen, die man sehen, hören, riechen, anfassen, zählen kann. | |

| | |
|---|---|
| Nomen, die man nicht anfassen, … oder sehen kann. | |

🔢❗ Finde weitere Beispielwörter und schreibe sie auf.

② Schreibe 8 Wörter aus Aufgabe 1 in der Einzahl und in der Mehrzahl auf.

ein Planet – viele Planeten,

48

Noch mehr Signale für Nomen

Zwischen Artikel oder einem Fürwort und einem Nomen steht oft ein Adjektiv:
ein schönes Haus, der alte Herr, mein neues Buch ...

Verhältniswörter mit versteckten Artikeln sind Signalwörter:
aufs (auf das) Dach,
vom (von dem) Himmel

Fürwörter sind Signalwörter:
mein, dein, sein, ihr, euer ...

**3** Suche mithilfe der Signale die Nomen.

a) Markiere die Anfangsbuchstaben farbig. Unterstreiche die Signale.
Die Anzahl der Fehler steht immer am Zeilenende.

Eines tages verliebten sich eine maus und ein karpfen ineinander. Der (3)
große fisch wollte, dass die kleine maus in seinen teich zieht. Die maus (4)
wollte nicht im wasser leben. Zu viele jahre war sie schon an land glücklich. (3)
Die maus bat den karpfen zu ihr aufs land zu ziehen. Doch er wollte nicht, (3)
da er am ufer nicht überleben konnte. So ging es noch eine weile hin und (2)
her und bald begannen die zwei tiere heftig zu streiten. Am schluss (2)
waren sie enttäuscht voneinander und gingen getrennte wege. (1)

b) Schreibe die Geschichte richtig ab.

korrigiert:

Diese Endbausteine sind Beweise für Nomen!

**1** Markiere die Endbausteine dieser Nomen mit ____.

Freundschaft – Krankheit – Fröhlichkeit –

Bündnis – Eigentum – Zeitung – Trübsal

**2** Notiere hier die Endbausteine für Nomen aus Aufgabe 1.

**3** Bilde aus den Endbausteinen und folgenden Wörtern
neue Nomen. Schreibe sie mit Artikel auf.

| verschmutzen | hindern | trocken | irren |

| verwandt | missverstanden | freundlich | rinnen |

**?!** Hier ist Platz für deine eigenen Nomen mit Endbausteinen.

**4** Bilde von folgenden Nomen die weibliche Form *innen* *in*
in der Einzahl und in der Mehrzahl.

der Arzt _____ _____

der Freund _____ _____

der Lehrer _____ _____

der Mechaniker _____ _____

der Maler _____ _____

der Sänger _____ _____

**5** Fehlersuche! Achte auf die Endbausteine.
Streiche die Fehler an.

> Diese Endbausteine zeigen dir sofort: Es handelt sich um ein Nomen!

Die fußballspielerin wechselte im Sommer in eine neue
mannschaft. Dort blies sie zunächst trübsal, da ihre
freundinnen nicht mitgekommen waren. Doch bald ließ
sie sich von der fröhlichkeit der neuen Truppe anstecken
und schloss tolle freundschaften.

**6** Schreibe den Text hier richtig auf.

_____

_____

_____

_____

_____

korrigiert: ☆

## Großschreibung von Verben

> Verben, die in Namenwörter verwandelt werden, musst du **großschreiben**.

Signalwörter für Verben, die als Nomen verwendet werden:

**Artikel** (Begleiter):
der, die, das, ein, eine
Das Überholen ist verboten.

**Präpositionen** (Verhältniswörter):
beim, am, im, mit, vom, zum
Ich komme zum Schwimmen.

**Pronomen** (Fürwörter):
mein, dein, sein, ihr, unser, euer, …
Ich freue mich auf euer Kommen

**Adjektive** (Wiewörter):
schnelles Atmen, lautes Lachen

**1** Gebote und Verbote. Ergänze.

_____ \_\_\_ragen eines Helmes ist Pflicht. _____ \_\_\_adfahren

auf dem Gehweg ist verboten. Im Auto ist _____ \_\_\_nschnallen

verpflichtend. Im Zoo ist _____ \_\_\_üttern der Tiere verboten.

**?!** Finde selbst weitere Gebote und Verbote.

**2** Schreibe auf, wozu man diese Gegenstände braucht.

zum L_____ _____ _____ _____

_____ _____ _____ _____

**3** Ergänze die passende Präposition (Verhältniswort) und den Wortanfang.

Erhan ist _____ \_\_\_\_wimmen sehr gut.

Unseren Hund erkenne ich _____ \_\_\_\_ellen.

Anna verbringt ihre Zeit am liebsten _____ \_\_\_\_esen.

Sandra ist _____ \_\_\_\_oggen noch ganz geschafft.

**4** Setze ein und ergänze die Anfangsbuchstaben.

euer    unser    dein    ihrem    mein

_____ ___ben hat sich gelohnt, ich bin nun fit im Kopfrechnen.

Meine Lehrerin erkenne ich an _____ ___achen.

Ich mag _____ ___ächeln.

Ich freue mich sehr auf _____ ___ommen.

Den Zuhörern gefällt _____ ___usizieren.

**5** Bilde Sätze. Das Verb steht nach dem Adjektiv.

fleißig – üben: Fleißiges Üben ist _____

laut – lachen _____

_____

langsam – essen _____

_____

freundlich – grüßen _____

_____

**6** Markiere die Fehler. Schreibe den berichtigten Text ab.

Denke an die Abschreibtipps von S. 12.

Marius war heute beim schwimmen. Im freibad traf er seinen (2)
freund niklas. Beiden war es vom schnellen rutschen schon (3)
ganz schwindlig. Als sie noch ins wasser springen wollten, (1)
hörten sie plötzlich das keuchen des bademeisters. Er sagte: (2)
„Das springen vom beckenrand ist streng verboten!" (2)

korrigiert:

Achtung: Einige Wörter passen in beide Spalten.

Fußball, passieren, Gewitter, ehrlich, schließlich, bevor, Höhle, davon, schrecklich, ein bisschen, spazieren, trotzdem, weiß, leer, Weihnachten, nämlich, gefährlich, außerdem, Quelle, hoffentlich, draußen, müssen, Blitz, interessant, Moor, spannend, Fahrrad, Verkehr, fehlen, Vorfahrt

① Ordne die Wörter und markiere die Knackstellen.

Wörter mit Knackstellen
zum Merken

Wörter mit Knackstellen
zum Nachdenken

Achtung: Auch hier kannst du
einige Wörter mehrfach zuordnen.

**2** Ordne die besonders schwierigen Wörter genauer.

Hilfe(n)

Doppel-
konsonant ◯ _____

_____

_____

h ◯ _____

_____

Ver / ver,
Vor / vor ◯ _____

_____

ä – a ◯◯ _____

v ◯◯ _____

ß ◯◯ _____

aa / oo / ee ◯◯ _____

Sp / sp ◯ _____

**3** Ordne den Knackstellen mögliche Hilfen zu.

| | |
|---|---|
| **a** Wort mehrmals schreiben. Knack-stelle hervorheben und merken. | **b** Auf den kurzen ● Selbstlaut achten. |
| **c** Auf den langen ▬ Selbstlaut achten. | **d** An die Beweise für Wortarten denken. |
| **e** Wörter mit der gleichen Knackstelle aufschreiben. | **f** Wortverwandte aufschreiben |
| **g** Auf Anfangsbausteine ⌐ achten. | **h** Wort verlängern und trennen |

korrigiert: ☆

55

## Anredepronomen

Vertrauliche Anredepronomen werden kleingeschrieben, höfliche groß.

**1** Trage die Anredepronomen richtig ein.
Achte auf die Groß- und Kleinschreibung.

DU    IHR    SIE    DIR    EUCH    IHNEN
DEIN/DEINE    EUER/EURE    IHR/IHRE

| Vertrauliche Anredepronomen | Höfliche Anredepronomen |
|---|---|
| | |

**2** Ergänze den Brieftext.

Liebe Anna,

wie geht es _____? Ich hoffe, _____ bist wohlauf. Mir geht es hier

im Urlaub sehr gut. Hast _____ Ostereier im Garten gesucht?

Für mich waren welche am Strand versteckt.

Wenn ich wieder zu Hause bin, habe ich _____ viel zu erzählen.

_____ Lukas

**3** Schreibe den Brief an Annas Mutter. Verwende die höfliche Anrede.

Liebe Frau Schmidt,

_____

_____

_____

_____

korrigiert:

## Satzarten – Satzschlusszeichen

Das Satzschlusszeichen zeigt an, wie ein Satz betont werden soll.

**1** Verbinde richtig.

Mateja holt ihr Kickboard aus der Garage.

Holt Mateja ihr Kickboard aus der Garage?

Mateja, hol dein Kickboard aus der Garage!

Aufforderung, Befehl, Ausruf

Aussage, Feststellung

Frage

**2** Bilde Sätze mit diesen Wörtern. Achte auf die Satzzeichen.

Peter       Keller      Fahrrad      reparieren

_____ .

_____ ?

_____ !

Lena      Bushaltestelle      Anna      warten

_____ .

_____ ?

_____ !

**3** Setze die richtigen Satzschlusszeichen ein.
Lies die Sätze laut und betone sie richtig.

Kann ich heute Abend mit meinem Freund ins Kino gehen ___

Nein, wir bekommen heute Abend Besuch ___

Ist es jemand, den ich kenne ___

Das glaube ich nicht ___

Weshalb muss ich dann zu Hause bleiben ___

Schluss, jetzt ___ Es geht einfach nicht ___

korrigiert: ☆

57

Ein Komma setzt man zwischen Wörter oder Wortgruppen, die aufgezählt werden.

**①** Was fressen diese Tiere?

Karpfen  Sardinen

Krebstiere

Barsche

Rinde  Blätter

Knospen

Gräser  Zweige

Blätter

Nüsse

Pilze  Früchte

Insekten  Spinnen

Pelikane fressen Karpfen,

_____

_____

_____

_____

_____

_____

**?!** Schreibe einen Satz zu einem Tier deiner Wahl. Zähle auf, was es frisst.

_____

_____

**②** Setze die fehlenden Kommas farbig in den Text ein.

Paul fährt mit dem Fahrrad zum Einkaufen. Plötzlich verfolgt ihn ein Hund, der ihn anwinselt an ihm hochspringt ihn beschnüffelt und schnell wegrennt. Nach dem Einkauf verlässt Paul den Laden in dem er einen Liter Milch vier Orangen ein Päckchen Spaghetti eine Dose Tomatensoße etwas Käse vier Würstchen und eine Zeitung gekauft hat. Da steht der Hund wieder vor ihm winselt wedelt mit dem Schwanz und schaut ganz traurig. Paul hat Mitleid und schenkt ihm ein Würstchen.

Du kannst Sätze mit Kommas verbinden.

**3** Verbinde die Sätze durch Kommas.

Wir gehen zu Fuß nach Hause. Der Bus ist schon lange weg.

_____

_____

Mein Bruder fährt in die Berge. Er möchte mit seinen Freunden Ski fahren.

_____

_____

Ich möchte keinen Erdbeerkuchen. Ich esse lieber ein Erdbeereis mit Sahne.

_____

_____

**4** Verbinde diese Sätze mit *Kommas* und dem Bindewort *und*.

Lisa putzt die Tafel. Jessica leert die Papiertonne aus. Oliver gießt die Blumen. Annika sammelt die Hefte ein. Die Lehrerin wartet, bis alle fertig sind.

_____

_____

_____

_____

**?!** Schreibe einen eigenen Riesensatz.

_____

_____

korrigiert: ☆

das – dass

**Das** schreibt man mit einem **s**, wenn man es durch **dieses** oder **welches** ersetzen kann.

**1** Verbinde die Sätze durch das Wort *das* und schreibe sie auf.

Wir besuchen ein Kunstmuseum,
Das Orchester spielt ein Lied,
Susanne hat sich ein Kleid gekauft,
Alle suchen das Buch,

**das**

aus bunter Seide ist.
Papa verlegt hat.
wundervoll klingt.
sehr bekannt ist.

_____

_____

_____

_____

**2** Markiere in Aufgabe 1, auf welches Wort sich das im vorausgegangenen Satz bezieht.

Beispiel: Regina malt ein Bild , das sehr farbenfroh ist.

**3** Verbinde die Sätze durch das Wort *dass*.

 Anna ärgert sich, (Der Computer ist kaputt.)

_____

Wir sind sicher, (Wir gewinnen das Turnier.)

_____

Leon hat gesehen, (Luisa war zuerst im Ziel.)

_____

Tim hat vermutet, (Tina wird gewinnen.)

_____

**Dass** kann nicht durch **dieses** oder **welches** ersetzt werden. Vor **dass** steht immer ein Komma.

**60**

**4** Sätze bilden mit *dass*:
Schreibe Sätze mit *wissen*, *glauben*, *wollen*, *sagen* und dem Wort *dass*.
Achte auf das Komma vor dem *dass*.
Unterstreiche das Verb im vorderen Satzteil.

_____

_____

_____

_____

_____

**5** Satzpaare: *das* oder *dass*?

Das ist ein schwieriges Wort, _____ ich nicht lesen kann.

Keiner soll wissen, _____ ich nicht lesen kann.

Ich ärgere mich, _____ ich verloren habe.

Monopoly heißt das Spiel, _____ ich verloren habe.

Manuel spürt genau, _____ ist erfunden.

Manuel spürt genau, _____ es erfunden ist.

**6** Zeichne in die das-Sätze Pfeile wie bei Aufgabe 2, S. 60 ein.
Markiere in den dass-Sätzen „dass" farbig.

korrigiert: ☆

**61**

# Wörtliche Rede

Der vorangestellte Begleitsatz endet mit einem Doppelpunkt.

**1** Verbinde die Begleitsätze mit den passenden Redeteilen.

| | |
|---|---|
| Pascal erkundigt sich | Lass mich bloß in Ruhe! |
| Anna fragt ihren Vater | Das riecht ja fürchterlich! |
| Toni schimpft verärgert | War die Englischarbeit schwer? |
| Svenja freut sich | Wie geht es Oma? |
| Paul ekelt sich | Ich habe eine Eins in Mathe. |

**2** Schreibe die Sätze mit den richtigen Satzzeichen auf.

Pascal erkundigt sich: „War die Englischarbeit schwer?"

_____

_____

_____

_____

**3** Schreibe die Sätze von Aufgabe 1 nun mit nachgestelltem Begleitsatz auf.

„War die Englischarbeit schwer?", erkundigt sich Pascal.

_____

_____

_____

Achtung: Zwischen dem Redeteil und dem Begleitsatz steht immer ein Komma.

62

Denk daran: Das erste Wort im Redeteil wird großgeschrieben.

**4** Schreibe die Sätze mit den richtigen Satzzeichen auf.

Nicole ruft Luca mitleidig zu das tut mir aber leid /
Sven fragt nach was denn / Nicole meint sein Meerschweinchen
muss heute zum Tierarzt.

_____

_____

_____

_____

**5** Ordne die Sätze den unterschiedlichen Satzmustern zu.

PETRA FRAGT KANN ICH MORGEN DEIN FAHRRAD AUSLEIHEN    a

LASS UNS HEUTE INS HALLENBAD GEHEN RUFT LUKAS    b

WANN KOMMST DU HEUTE NACH HAUSE WILL ANKE WISSEN    c

SEBASTIAN MEINT HEUTE ABEND MUSS ICH NOCH TRAINIEREN    d

SIEH MAL ULI, ICH HABE NEUE INLINESKATER MEINT ELLEN    e

◯ ____: „____?"      ◯ ____: „____."

◯ „____?", ____.      ◯ „____!", ____.

◯ „____", ____.

**6** Schreibe die Sätze mit den richtigen Satzzeichen auf.
Achte auf die Satzzeichen und die Groß- und Kleinschreibung.

**?!** Erfinde eigene Sätze und zeichne Satzmuster zu deinen eigenen Sätzen.

korrigiert: ☆

63

### Die Brüder Grimm

Du kennst die Gebrüder Grimm als Märchensammler.
Anfang des 19. Jahrhunderts haben sie Märchen aufgeschrieben.
Bis heute lassen sich Kinder in aller Welt diese Geschichten vorlesen.
Was wenige wissen: Die Brüder Grimm haben eines der wichtigsten
Wörterbücher für die deutsche Sprache herausgegeben.
Ehe es gedruckt wurde, war sich Jacob Grimm (der jüngere Bruder)
nicht sicher, in welcher Rechtschreibung es erscheinen sollte.
Hätte er sich durchgesetzt, dann würde das Frühlingslied

„Komm lieber Mai und mache …"

vielleicht heute so als richtig gelten:

Komm liber mei und mache
di bäume wider grün

Das Wörterbuch wurde dann doch
in der gewohnten Schreibweise gedruckt.

### DUDEN

Kennst du den DUDEN, das bedeutendste und bekannteste
Wörterbuch der deutschen Rechtschreibung?
Weißt du, woher der DUDEN seinen Namen hat?
Er wurde nach seinem „Erfinder", dem Gymnasiallehrer
Konrad Duden benannt.
Konrad Duden hat vor ungefähr 110 Jahren ein Wörterbuch
herausgegeben, das die Rechtschreibung im deutschsprachigen
Raum (Deutschland, Österreich, Schweiz) einheitlich regelte.
Er hat unsere Rechtschreibung von
vielen Schwierigkeiten befreit. Konrad Duden verdanken wir,
dass wir heute nicht mehr

Thier, Thränen, Muth oder Waldt

schreiben müssen.